Código do Procedimento Administrativo

Código do Procedimento Administrativo

4ª Edição

2019

ALMEDINA

CÓDIGO DO PROCEDIMENTO ADMINISTRATIVO
EDITOR
EDIÇÕES ALMEDINA, S.A.
Rua Fernandes Tomás, nºs 76, 78 e 80
3000-167 Coimbra | Portugal
Tel.: (+351) 239 851 904 · Fax: (+351) 239 851 901
www.almedina.net · editora@grupoalmedina.net

1ª edição: Janeiro, 2009
DESIGN DE CAPA
FBA.
PRÉ-IMPRESSÃO
EDIÇÕES ALMEDINA, S.A.
IMPRESSÃO E ACABAMENTO

, 2019
DEPÓSITO LEGAL
....

ALMEDINA | GRUPOALMEDINA

Biblioteca Nacional de Portugal – Catalogação na Publicação

PORTUGAL. Leis, decretos, etc.
Código do procedimento administrativo

Código do procedimento administrativo. – 4ª ed. - (Textos da lei)
ISBN 978-972-40-8123-6

CDU 342

NOTA PRÉVIA À 4ª EDIÇÃO

A Lei nº 58/2019, de 8 de agosto, assegura a execução, na ordem jurídica nacional, do Regulamento (UE) 2016/679 do Parlamento e do Conselho, de 27 de abril de 2016, relativo à proteção das pessoas singulares no que diz respeito ao tratamento de dados pessoais e à livre circulação desses dados. Este novo enquadramento tinha de refletir-se necessariamente na Lei nº 26/2016, de 22 de agosto, que contém o regime de acesso à informação administrativa e ambiental e de reutilização dos documentos administrativos, e que se encontra incluída nesta obra.

Esta nova edição apresenta-se, assim, totalmente atualizada e preparada para servir todos aqueles que estudam o Procedimento Administrativo ou que com ele trabalham.

Coimbra, setembro de 2019
CECÍLIA SANTOS

Lei nº 42/2014, de 11 de julho

Autoriza o Governo a aprovar o novo Código do Procedimento Administrativo

A Assembleia da República decreta, nos termos da alínea *d*) do artigo 161º da Constituição, o seguinte:

ARTIGO 1º
Objeto

A presente lei concede ao Governo autorização legislativa para aprovar o novo Código do Procedimento Administrativo.

ARTIGO 2º
Sentido e extensão

No uso da autorização legislativa conferida pelo artigo anterior, pode o Governo:

a) Definir o procedimento administrativo como a sucessão ordenada de atos e formalidades relativos à formação, manifestação e execução da vontade dos órgãos da Administração Pública, e o processo administrativo como o conjunto de documentos devidamente ordenados em que se traduzem os atos e formalidades que integram o procedimento administrativo, estatuindo que os princípios gerais da atividade administrativa e as disposições do novo

Código que concretizem preceitos constitucionais são aplicáveis a toda e qualquer atuação da Administração Pública, ainda que meramente técnica ou de gestão privada, e ainda a aplicação da parte do novo Código relativa aos órgãos da Administração Pública ao funcionamento dos órgãos da Administração Pública;

b) Estatuir que as disposições do novo Código respeitantes aos princípios gerais, ao procedimento e à atividade administrativa sejam aplicáveis à conduta de quaisquer entidades, independentemente da sua natureza, adotada no exercício de poderes públicos ou regulada de modo específico por disposições de direito administrativo;

c) Instituir que, para efeitos do novo Código do Procedimento Administrativo, integram a Administração Pública os órgãos do Estado e das regiões autónomas que exerçam funções administrativas a título principal, as autarquias locais e suas associações e federações de direito público, as entidades administrativas independentes, os institutos públicos e as associações públicas;

d) Determinar que as disposições do novo Código do Procedimento Administrativo, designadamente as garantias nele reconhecidas aos particulares, aplicam-se subsidiariamente aos procedimentos administrativos especiais;

e) Instituir como princípios gerais da atividade administrativa, os princípios da legalidade, da prossecução do interesse público e da proteção dos direitos e interesses dos cidadãos, da boa administração, da igualdade, da proporcionalidade, da justiça, da razoabilidade, da imparcialidade, da boa fé, da colaboração com os particulares, da participação, da decisão, da tendencial gratuitidade, da responsabilidade, da administração aberta, da proteção dos dados pessoais dos interessados, da cooperação leal com a União Europeia e ainda os princípios aplicáveis à administração eletrónica;

f) Conceder maior densidade ao princípio da igualdade, de modo a que a Administração Pública não possa privilegiar, beneficiar, prejudicar ou privar ninguém de qualquer direito em razão da sua orientação sexual;

g) Conceder maior densidade ao princípio da proporcionalidade, de modo a que a Administração Pública adote, na prossecução do interesse público, os comportamentos adequados aos fins prosseguidos;

h) Conceder maior densidade ao princípio da justiça, ligando-o ao princípio da razoabilidade, de modo a que a Administração Pública, relativamente a todos aqueles que com ela se relacionem, rejeite soluções manifestamente desrazoáveis ou incompatíveis com a ideia de Direito, nomeadamente em matéria de interpretação de normas jurídicas e das valorações próprias do exercício da função administrativa;

i) Conceder maior densidade ao princípio da imparcialidade, de modo a que a Administração Pública, relativamente a todos aqueles que com ela se relacionem, considere com objetividade todos e apenas os interesses relevantes no contexto decisório e adote as soluções organizatórias e procedimentais indispensáveis à preservação da isenção administrativa e à confiança nessa isenção;

j) Instituir o regime da composição dos órgãos da Administração Pública, as regras internas do seu funcionamento, a competência, a delegação de poderes e a resolução dos conflitos;

k) Consagrar os acordos endoprocedimentais, através dos quais, no âmbito da discricionariedade procedimental, o órgão competente para a decisão final e os interessados podem convencionar os termos do procedimento;

l) Enunciar os sujeitos privados e públicos da relação jurídica procedimental;

m) Definir a capacidade procedimental dos particulares no procedimento;

n) Consagrar o regime da legitimidade procedimental, por forma a permitir que iniciem o procedimento ou nele intervenham os titulares de direitos, interesses legalmente protegidos, deveres, encargos, ónus ou sujeições, bem como as associações para defesa de interesses coletivos ou defesa dos interesses individuais dos seus associados que caibam no âmbito dos seus fins;

o) Estender o regime da legitimidade procedimental aos órgãos que exerçam funções administrativas, quando as pessoas coletivas nas quais se integram se encontrem nas situações referidas na alínea anterior;

p) Reforçar, em matéria de impedimentos, escusa, suspeição e sanção, o regime das garantias de imparcialidade dos titulares dos órgãos da Administração Pública, respetivos agentes, bem como quaisquer outras entidades que, independentemente da sua natureza, se encontrem no exercício de poderes públicos ou cuja conduta seja regulada por normas de direito administrativo, estabelecendo-se, designadamente, que a relação de adoção, tutela ou apadrinhamento civil constitui uma causa de impedimento daqueles, assim como constituirá fundamento de sua suspeição e escusa a pendência em juízo de ação em que sejam parte o titular do órgão ou agente, o seu cônjuge ou pessoa com quem viva em condições análogas às dos cônjuges, parente em linha reta ou pessoa com quem vivam em economia comum, de um lado e, do outro, o interessado, o seu cônjuge ou pessoa com quem viva em condições análogas às dos cônjuges, parente em linha reta ou pessoa com quem vivam em economia comum;

q) Prever, no âmbito do regime referido na alínea anterior, que não pode haver lugar no procedimento administrativo à prestação de serviços de consultoria ou outros, a favor do responsável pela respetiva direção ou de quaisquer sujeitos públicos da relação procedimental, por parte de entidades relativamente às quais se verifique qualquer situação de impedimento prevista no Código do Procedimento Administrativo ou que haja prestado, há menos de três anos, serviços a qualquer dos sujeitos privados na relação procedimental;

r) Prever, no âmbito do regime referido nas alíneas *p)* e *q)*, que a prestação de serviços em violação do previsto na alínea anterior constitui o prestador no dever de indemnizar a Administração Pública e terceiros de boa fé pelos danos resultantes da anulação do ato ou contrato administrativo como sanção pela dita violação;

s) Prever, no âmbito do regime referido nas alíneas *p)*, *q)* e *r)*, que a falta ou a decisão negativa sobre a dedução da suspeição não prejudica a invocação da anulabilidade

dos atos praticados ou dos contratos celebrados, quando do conjunto das circunstâncias do caso concreto resulte a razoabilidade de dúvida séria sobre a imparcialidade da atuação do órgão, revelada na direção do procedimento, na prática de atos preparatórios relevantes para o sentido da decisão ou na própria tomada de decisão;

t) Definir o regime das conferências procedimentais de modo a se obter a eficiência, a economicidade e a celeridade da atividade administrativa, incluindo o seu conceito e modalidade, a sua instituição, os atos praticados na conferência procedimental, sua realização, audiência dos interessados e conclusão da conferência;

u) Definir o regime do direito à informação procedimental, designadamente em matéria de procedimentos eletrónicos e informatizados;

v) Estabelecer que, sem prejuízo do exercício imediato dos direitos ou interesses legalmente protegidos do interessado no procedimento, não são devidas taxas quando, sempre que tal esteja legalmente previsto, os respetivos valores ou fórmulas de cálculo não sejam introduzidos nas plataformas eletrónicas no âmbito das quais correm os procedimentos a que dizem respeito, prevendo-se, porém, que tais taxas são devidas sempre que a falta de introdução dos respetivos valores ou fórmulas de cálculo nas plataformas não seja imputável à entidade destinatária das taxas, e no prazo de cinco dias contados do início do procedimento, sejam inseridos os respetivos valores ou fórmulas de cálculo nas plataformas e notificado o interessado para proceder ao seu pagamento;

w) Definir o regime da instrução do procedimento, dos pareceres, da decisão, das comunicações prévias, bem como dos prazos do procedimento, incluindo a sua dilação, bem como outras causas de extinção do procedimento;

x) Definir o regime das medidas provisórias no procedimento;

y) Definir o regime específico do procedimento do regulamento administrativo em matéria de petições, projeto de regulamento e audiência dos interessados, incluindo as situações em que o responsável pela direção do procedimento pode não proceder à audiência de interessados, devendo a decisão final indicar os fundamentos da não realização da audiência;

z) Definir o regime específico do procedimento do ato administrativo em matéria de notificações do início do procedimento e do ato, prevendo o dever de notificação, aos seus destinatários, dos atos que decidam sobre pretensões por eles formulados, que imponham deveres, encargos, ónus, sujeições ou sanções ou que causem prejuízos, e que criem, extingam, aumentem ou diminuam direitos ou interesses legalmente protegidos, ou afetem as condições do seu exercício;

aa) Prever, no domínio do regime referido na alínea anterior, as formas como as notificações são efetuadas, a saber, carta registada, contacto pessoal com o notificando, telefone, telefax, correio eletrónico ou notificação eletrónica, edital e anúncio, bem como as condições da perfeição das notificações em matéria de carta registada, telefone, telefax e meios eletrónicos;

bb) Prever, no domínio do regime referido nas alíneas *z)* e *aa)*, o direito de audiência prévia dos interessados, o modo do seu exercício, a notificação para a audiência, incluindo o projeto de decisão e demais elementos necessários para que os interessados possam conhecer todos os aspetos relevantes para a decisão, em matéria de facto e de direito, e ainda os casos e as condições em que pode haver dispensa da audiência por parte do responsável pela direção do procedimento;

cc) Definir o regime substantivo do regulamento administrativo;

dd) No âmbito do regime referido na alínea anterior, prever a definição de regulamento administrativo, a habilitação legal para a sua emissão, as relações entre os regulamentos, a proibição de eficácia retroativa de regulamentos impositivos, sancionatórios ou restritivos de direitos ou interesses legalmente protegidos, caducidade e revogação de regulamentos e impugnação dos mesmos;

ee) No âmbito do regime referido nas alíneas *cc*) e *dd*), instituir que os regulamentos desconformes à Constituição, à lei e aos princípios gerais de direito administrativo ou que infrinjam normas de direito internacional ou direito da União Europeia são inválidos, sendo igualmente inválidos os regulamentos que desrespeitem os regulamentos emanados dos órgãos hierarquicamente superiores ou dotados de poderes de superintendência, os regulamentos emanados pelo delegado, salvo se a delegação incluir a competência regulamentar, e os regulamentos que desrespeitem os estatutos emanados ao abrigo de autonomia normativa nas quais se funda a competência para a respetiva emissão;

ff) No âmbito do regime da invalidade referido na alínea anterior, prever que a mesma é invocável a todo o tempo, exceto as situações de ilegalidade formal ou procedimental da qual não resulte a sua inconstitucionalidade, caso em que a impugnação ou a declaração oficiosa de ilegalidade por parte da Administração Pública só pode ser efetuada no prazo de seis meses, salvo nos casos de carência absoluta de forma legal ou de preterição de consulta pública exigida por lei;

gg) Definir o regime substantivo do ato administrativo em matéria de cláusulas acessórias, eficácia, invalidade e execução;

hh) No âmbito do regime referido na alínea anterior, instituir que, em matéria de invalidade, a nulidade do ato administrativo tem de estar prevista em lei que comine expressamente essa forma de invalidade, prevendo-se a possibilidade de os atos nulos serem sujeitos a reforma ou conversão;

ii) No âmbito do regime referido nas alíneas *gg*) e *hh*), instituir e definir as figuras de revogação e anulação administrativas, incluindo a iniciativa e a competência para a revogação e anulação administrativas, forma e formalidades do ato de revogação ou de anulação administrativa, bem como os efeitos da revogação e anulação administrativas e consequências desta última;

jj) Prever no âmbito da anulação administrativa as situações nas quais o efeito anulatório possa ser afastado, designadamente quando se demonstre que o ato anulável sempre seria praticado com o mesmo conteúdo, por este ser vinculado, ou por o vício não afetar o sentido da decisão;

kk) Prever que no domínio da revogação administrativa os atos administrativos constitutivos de direitos podem ser objeto de revogação, designadamente, com fundamento na superveniência de conhecimentos técnicos e científicos ou em alteração objetiva das circunstâncias de facto, em face dos quais, num ou noutro caso, não poderiam ter sido praticados;

ll) Prever que, nos casos em que ocorra a revogação prevista na alínea anterior, os beneficiários de boa fé têm direito a ser indemnizados nos termos do regime geral aplicável às situações de indemnização pelo sacrifício, sendo que, nas situações em que pela sua gravidade e intensidade seja eliminado ou restringido o conteúdo do direito, tais beneficiários terão direito a uma indemnização correspondente ao valor económico do direito eliminado ou da parte do direito que tiver sido restringida;

mm) Prever que, no domínio da anulação administrativa, os atos administrativos, podem ser objeto de anulação administrativa no prazo de seis meses, a contar da data do conhecimento pelo órgão competente da causa de invalidade ou, nos casos de invalidade resultante de erro do agente, desde o momento da cessação do erro, em qualquer dos casos desde que não tenham decorrido cinco anos, a contar da respetiva emissão;

nn) Prever que, na situação em que o ato tenha sido objeto de impugnação jurisdicional, a anulação administrativa só pode ter lugar até ao encerramento da discussão, mais se prevendo que, quando, nos casos previstos nas alíneas *mm*) e *qq*), o ato se tenha tornado inimpugnável por via jurisdicional, o mesmo só pode ser objeto de anulação administrativa oficiosa;

oo) Prever como regra geral que a anulação administrativa, no caso de atos constitutivos de direitos, só pode ter lugar no prazo de um ano, a contar da data da emissão do ato;

pp) Prever que a anulação administrativa de atos constitutivos de direitos constitui os beneficiários que desconhecessem, sem culpa, a existência da invalidade e tenham auferido, tirado partido ou feito uso da posição de vantagem em que o ato os colocava, no direito a serem indemnizados pelos danos anormais que sofram em consequência da anulação;

qq) Prever as circunstâncias especiais, salvo se a lei ou o direito da União Europeia prescreverem prazos diferentes, da anulação administrativa de atos constitutivos de direitos no prazo de cinco anos, a contar da data da respetiva emissão, quando o respetivo beneficiário tenha utilizado artifício fraudulento com vista à sua obtenção, apenas com eficácia para o futuro quando se trate de atos para obtenção de prestações periódicas, no âmbito de uma relação continuada e quando se trate de atos de conteúdo pecuniário cuja legalidade, nos termos da legislação aplicável, possa ser objeto de fiscalização administrativa para além do prazo de um ano, com imposição do dever de restituição das quantias indevidamente auferidas;

rr) Prever, desde que ainda o possa fazer, que a Administração Pública tem o dever de anular o ato administrativo que tenha sido julgado válido por sentença transitada em julgado, proferida por um tribunal administrativo com base na interpretação do direito da União Europeia, invocando para o efeito nova interpretação desse direito em sentença posterior, transitada em julgado, proferida por um tribunal administrativo que, julgando em última instância, tenha dado execução a uma sentença de um tribunal da União Europeia vinculativa para o Estado português;

ss) Definir o regime da execução do ato administrativo, prevendo que a satisfação de obrigações e o respeito por limitações decorrentes de atos administrativos só podem ser impostos coercivamente pela Administração Pública nos casos e segundo as formas expressamente previstas na lei;

tt) Ressalvar do disposto na alínea anterior as situações de urgente necessidade pública, devidamente fundamentadas, na execução coerciva de obrigações impostas em estrita aplicação de determinações contidas em comandos normativos;

uu) Instituir o regime de garantias dos executados, prevendo que estes podem impugnar administrativa e contenciosamente o ato exequendo e, por vícios próprios, a decisão de proceder à execução administrativa ou outros atos administrativos praticados no âmbito do procedimento de execução, assim como requerer a suspensão contenciosa dos respetivos efeitos;

vv) Prever, no âmbito do regime referido na alínea anterior, que os executados podem propor ações administrativas comuns ou requerer providências cautelares para prevenir a adoção de operações materiais de execução ou promover a remoção das respetivas consequências, quando tais operações sejam ilegais por violação do regime referido na alínea *ss*), por não ter sido emitido ou notificado ao executado a decisão de proceder à execução, por desconformidade com o conteúdo e termos da decisão de proceder à execução ou por violação do princípio da proporcionalidade ou por ofensa à dignidade da pessoa humana;

ww) Definir o regime das reclamações e dos recursos administrativos, instituindo que os interessados têm o direito de impugnar os atos administrativos perante a Administração Pública, solicitando a sua revogação, anulação, modificação ou substituição ou reagir contra a omissão ilegal de atos administrativos, em incumprimento do dever de decisão, solicitando a emissão do ato pretendido;

xx) No domínio do regime referido na alínea anterior, prever que as reclamações e os recursos administrativos têm caráter facultativo, salvo se a lei os denominar como necessários;

yy) No domínio do regime referido nas alíneas *ww*) e *xx*), prever um prazo comum para as reclamações e recursos administrativos contra a omissão ilegal de atos administrativos;

zz) No domínio do regime referido nas alíneas ww), *xx*) e *yy*), prever a legitimidade para reclamar ou recorrer administrativamente, o início dos prazos de impugnação, os efeitos das impugnações administrativas facultativas ou necessárias sobre os atos administrativos impugnados, os efeitos das reclamações de atos ou omissões sujeitos a recurso necessário sobre o prazo da respetiva interposição;

aaa) No domínio do regime referido nas alíneas ww), xx), *yy*) e *zz*), prever que a utilização de meios de impugnação administrativa facultativos contra atos administrativos suspende o prazo de propositura de ações nos tribunais administrativos na pendência da impugnação administrativa, bem como de requerer a adoção de providências cautelares;

bbb) No domínio do regime referido nas alíneas *ww*), *xx*), *yy*), *zz*) e *aaa*), prever o regime da reclamação e o regime do recurso hierárquico, incluindo a interposição, tramitação, rejeição, decisão e o prazo para a decisão e ainda o regime dos recursos administrativos especiais;

ccc) Definir o regime geral substantivo dos contratos administrativos celebrados pelos órgãos da Administração Pública, incluindo os contratos sujeitos a um regime de direito privado, assim como a estatuição de que, na ausência de lei própria, aplica-se à formação dos contratos administrativos o regime do procedimento administrativo do Código do Procedimento Administrativo, com as necessárias adaptações, sendo aplicáveis aos contratos sujeitos a um regime de direito privado as disposições do Código do Procedimento Administrativo que concretizem preceitos constitucionais e os princípios gerais da atividade administrativa;

ddd) Prever no decreto-lei emitido ao abrigo da presente lei a aplicação do regime constante do Código do Procedimento Administrativo em matéria de conferências procedimentais relativas a um único procedimento aos procedimentos administrativos já constantes de lei própria;

eee) Prever no decreto-lei referido na alínea anterior quais as situações em que se considera que as impugnações administrativas existentes à data da sua entrada em vigor têm caráter necessário.

ARTIGO 3º
Duração

A presente autorização legislativa tem a duração de 180 dias.

Aprovada em 6 de junho de 2014.

A Presidente da Assembleia da República, *Maria da Assunção A. Esteves.*

Promulgada em 3 de julho de 2014. Publique-se.

O Presidente da República, ANÍBAL CAVACO SILVA. Referendada em 4 de julho de 2014.

O Primeiro-Ministro, *Pedro Passos Coelho.*

Decreto-Lei nº 4/2015, de 7 de janeiro

1 – O Código do Procedimento Administrativo foi aprovado pelo Decreto-Lei nº 442/91, de 15 de novembro, tendo sido revisto pelo Decreto-Lei nº 6/96, de 31 de janeiro. Desde 1996, nunca mais foi objeto de revisão.

No entanto, essa revisão foi-se tornando necessária à medida que o tempo passava. Por um lado, alguns preceitos do Código revelavam uma desconformidade com alterações entretanto trazidas ao texto constitucional e ao direito ordinário. Por outro lado, novas exigências que neste intervalo de tempo foram colocadas à Administração Pública e, mais do que isso, ao exercício da função administrativa, e a alteração do quadro em que esta última era exercida, por força da lei e do direito da União Europeia, impunham que essas exigências tivessem correspondência no texto do Código.

Além disso, a experiência acumulada ao longo de mais de 20 anos de aplicação do Código e a vasta doutrina e jurisprudência entretanto formadas em torno de matérias nele reguladas forneciam contributos para o enriquecimento do Código que, na sua revisão, não podiam ser ignorados.

Por fim, o direito comparado sugeria algumas soluções que nesta matéria podiam ser úteis à ordem jurídica portuguesa.

Foi por todas estas razões que se procedeu à elaboração do presente diploma.

2 – Para o efeito, foi constituída uma comissão de especialistas, que preparou um anteprojeto de revisão. Esse anteprojeto foi submetido a discussão pública, que se revelou extremamente rica, com ampla participação de inte-

ressados dos mais diversos setores, desde a Administração Pública às universidades, passando por advogados e magistrados. A mesma comissão incorporou depois, no projeto final, muitas sugestões que resultaram desse debate.

Contudo, o projeto final revelou uma profunda transformação do Código do Procedimento Administrativo em vigor.

Assim, o Governo, constatando tal transformação, e apesar de reconhecer que o projeto não efetuou um corte radical com o Código do Procedimento Administrativo aprovado pelo Decreto-Lei nº 442/91, de 15 de novembro, entendeu que as soluções propostas para institutos tão importantes no direito administrativo, como sejam o regulamento e o ato administrativo, eram de tal forma inovatórias que se estava perante um novo Código.

A estas soluções inovatórias acrescem outras propostas que irão transformar profundamente o modo de funcionamento da Administração Pública nas suas relações com os cidadãos, como é o caso do novo regime das conferências procedimentais, pelo que, em face de tudo isto, se justifica que o projeto de revisão do anterior Código do Procedimento Administrativo seja agora assumido pelo Governo como constituindo um novo Código.

Por isso, estando o Governo a transformar a relação entre cidadãos e Administração num exercício de responsabilidades, à semelhança do sucedido com o Código de Processo Civil, que incute uma matriz muito diferente da instalada até hoje, das quais se realçam o dever de boa gestão, a realização das conferências procedimentais e a responsabilidade pelo incumprimento de prazos, bem como os códigos de conduta, justifica-se plenamente que esta transformação seja assumida através de um novo Código do Procedimento Administrativo.

O novo Código do Procedimento Administrativo é o resultado de todos os contributos da discussão atrás referida. Na sua elaboração foram, entretanto, também levados em conta os contributos da doutrina e da jurisprudência portuguesas, assim como do direito comparado, designadamente, da Alemanha, da Itália e da Espanha, e do direito da União Europeia.

3 – Na parte I do novo Código, sentiu-se a necessidade de introduzir alterações, tanto no domínio das definições, como no do âmbito de aplicação do Código. Não compete a um texto legislativo dar definições, a não ser com o objetivo de facilitar a interpretação e a aplicação das normas e dos institutos que ele contém. Assim se procedeu, desde logo, no artigo 1º. Este artigo, tal, aliás, como na redação prevista no artigo 1º do anterior Código, reveste

uma natureza vestibular, procurando esclarecer de que matérias se ocupa o Código. Contribui, assim, também para a definição do seu âmbito objetivo de aplicação, que a leitura do subsequente articulado permitirá compreender de modo mais preciso.

4 – Também relativamente ao anterior Código, o artigo 2º sofreu modificações. Tal como na redação anterior, ele ocupa-se do âmbito de aplicação do Código, dando particular relevo aos destinatários das suas normas. Nesta matéria, de formulação difícil, procurou introduzir-se maior clareza e precisão, alterando a sequência dos preceitos e também o seu conteúdo.

Assim, começa-se, no nº 1, por deixar claro que as disposições do Código respeitantes aos princípios gerais, ao procedimento e à atividade administrativa não são apenas aplicáveis à Administração Pública, mas à conduta de quaisquer entidades, independentemente da sua natureza, que exerçam a função administrativa.

Clarifica-se, depois, no nº 2, que, pelo contrário, o regime da parte II é exclusivamente aplicável ao funcionamento dos órgãos da Administração Pública. E, no nº 3, que a Administração Pública se encontra submetida aos princípios gerais da atividade administrativa e às disposições do presente Código que concretizam preceitos constitucionais no âmbito das suas atuações de caráter meramente técnico ou de gestão privada.

Enunciam-se, em seguida, no nº 4, as entidades que, para este efeito, integram a Administração Pública, acrescentando-se, na nova alínea *c)*, ao elenco que já constava da redação do anterior nº 2 do mesmo artigo, as entidades administrativas independentes. Trata-se apenas de uma precisão, que desfaz eventuais dúvidas sobre a pertença destas entidades à Administração Pública, em sentido subjetivo.

Por fim, no nº 5, estende-se o regime do Código, supletivamente, aos procedimentos administrativos especiais, no que respeita às garantias reconhecidas no Código aos particulares. Procurou-se uma redação que torne mais flexível o cotejo entre as garantias já vigentes naqueles procedimentos e o regime garantístico resultante do Código, de modo a permitir que a comparação seja feita quanto ao resultado global a que se chega em cada procedimento.

5 – No capítulo II da parte I do novo Código, dedicada aos «princípios gerais da atividade administrativa», registam-se inovações significativas relativamente ao disposto nesta matéria pelo anterior Código.

Começou-se por se incluir no novo Código o princípio da boa administração, indo de encontro ao que era sugerido pelo direito comparado, com essa ou outra designação, e a sugestões da doutrina. Integraram-se nesse princípio os princípios constitucionais da eficiência, da aproximação dos serviços das populações e da desburocratização (artigo 5º).

Também foram incluídos no Código os novos princípios da responsabilidade (artigo 16º), da administração aberta (artigo 17º), da segurança de dados (artigo 18º), da cooperação leal da Administração Pública com a União Europeia (artigo 19º), bem como princípios relativos à administração eletrónica (artigo 14º). Duas notas especiais: a inovação respeitante à cooperação entre a Administração Pública portuguesa e a União Europeia, à semelhança do que dispõem as leis alemã e espanhola, dá cobertura à crescente participação da Administração Pública portuguesa no processo de decisão da União Europeia, bem como à participação de instituições e organismos da União Europeia em procedimentos administrativos nacionais; por sua vez, o que aí se dispõe sobre a administração eletrónica, e que depois será desenvolvido ao longo do Código, sempre que isso se impuser, pretende ir ao encontro à importância que os meios eletrónicos hoje assumem, tanto nas relações interadministrativas, como nas relações da Administração Pública com os particulares.

Concedeu-se maior densidade aos princípios da igualdade (artigo 6º), da proporcionalidade (artigo 7º), da imparcialidade (artigo 9º), da boa-fé (artigo 10º) e da colaboração com os particulares (artigo 11º). Merecem especial referência a expressa inclusão, no princípio da proporcionalidade, da proibição de excesso, e a nova ligação entre a justiça e a razoabilidade (artigo 8º).

Quer com a inclusão dos referidos novos princípios, quer com a reformulação de princípios que já constavam do anterior Código, houve a intenção de robustecer os valores fundamentais que devem reger toda a atividade administrativa num Estado de Direito democrático.

6 – A parte II do novo Código deixou de intitular-se «Dos sujeitos», para passar a ter por epígrafe «Dos órgãos da Administração Pública». Na verdade, é só destes que ela trata e fá-lo sob uma perspetiva ainda não procedimental, mas tão-só centrada na composição dos órgãos, nas regras internas do seu funcionamento, na origem e desconcentração dos seus poderes e nos conflitos sobre a respetiva repartição.

Em contrapartida, foi introduzido na parte III um capítulo dedicado à «Relação jurídica procedimental», no qual, a partir de uma visão mais moderna do direito administrativo, se procede à identificação dos sujeitos da relação jurídica procedimental, reconhecendo o paralelismo entre particulares e Administração, como simultâneos titulares de situações jurídicas subjetivas que disciplinam as situações da vida em que ambos intervêm no âmbito do procedimento administrativo.

7 – São muito significativas as transformações introduzidas na parte III do novo Código, respeitante ao procedimento administrativo.

Para começar, optou-se por disciplinar, em títulos separados, o regime comum do procedimento e os regimes especiais aplicáveis ao procedimento do regulamento e do ato.

No capítulo I do título I da parte III, dedicado às «Disposições gerais» relativas ao regime geral do procedimento administrativo, merecem referência especial a prescrição da língua portuguesa como língua do procedimento, a consagração de um novo princípio da adequação procedimental, a previsão de acordos endoprocedimentais e a introdução de preceitos de âmbito genérico respeitantes à instrução por meios eletrónicos, às comunicações por telefax ou meios eletrónicos e ao balcão único eletrónico.

No artigo 55º, intitulado «Responsável pela direção do procedimento», procura-se reequacionar a distribuição das tarefas de direção do procedimento (e não apenas da instrução) e de decisão. A mera faculdade de delegação da competência de direção do procedimento, por parte do órgão competente para decidir, tal como se encontrava estabelecida no nº 2 do artigo 86º do anterior Código, converte-se agora num dever de delegação, embora rodeado de prudentes cláusulas de salvaguarda (nº 2 do artigo 55º). A separação entre a responsabilidade de promover a tramitação do procedimento e a tarefa decisória aproxima o sistema de uma solução hoje perfilhada em largas partes do globo e apresenta-se como mais idónea para assegurar a imparcialidade do decisor.

Merece realce a previsão da possibilidade da celebração de acordos endoprocedimentais (artigo 57º). Através destes, os sujeitos da relação jurídica procedimental podem convencionar termos do procedimento que caibam no âmbito da discricionariedade procedimental ou o próprio conteúdo da decisão a tomar a final, dentro dos limites em que esta possibilidade é legalmente admitida.

No nº 2 do artigo 57º, além de se deixar absolutamente claro o caráter jurídico dos vínculos resultantes da contratação de acordos endoprocedimentais, configura-se uma possível projeção participativa procedimental da contradição de pretensões de particulares nas relações jurídico-administrativas multipolares ou poligonais.

8 – O novo capítulo II do título I da parte III tem por epígrafe «Da relação jurídica procedimental». Divide-se em três secções: secção I: «Dos sujeitos do procedimento»; secção II: «Dos interessados no procedimento»; secção III: «Das garantias de imparcialidade». A matéria das Secções I e II é tratada sob uma perspetiva procedimental, que coloca em paralelo a Administração, os particulares e as pessoas de direito privado em defesa de interesses difusos, como simultâneos titulares de situações jurídicas subjetivas que disciplinam as situações da vida em que todos intervêm e que são objeto das relações jurídicas procedimentais.

Na secção I, procede-se, em primeiro lugar, à qualificação dos sujeitos da relação jurídica procedimental. No tocante aos sujeitos públicos, parte-se do elenco de órgãos constantes do artigo 2º e apuram-se, de entre esse panorama global, aqueles que sejam detentores de competência para a tomada de decisões e ou para a prática de atos preparatórios no âmbito do procedimento administrativo.

No nº 2 do artigo 65º, manteve-se, para a parte que se posiciona perante os sujeitos públicos da relação jurídica procedimental, a tradicional designação de «interessados» (interessados na relação jurídica procedimental). Foi uma opção consciente. Com efeito, não basta para identificar os sujeitos de situações jurídicas procedimentais que o particular seja titular ou portador institucional de interesse envolvido na *materia decidendi*. Como a doutrina tem notado, a essa posição substantiva terá de se somar uma intervenção formal, por iniciativa própria ou por convocação da Administração. Por outro lado, à democratização do procedimento importa que os particulares e a Administração nele apareçam face a face, enquanto titulares de situações subjetivas ativas e passivas recíprocas. Isso não significa uma igualização, porque, ao passo que os particulares detêm direitos, a Administração exerce um poder público. Mas os particulares não são reduzidos a objeto daquele poder, nem meramente afetados, positiva ou negativamente, pelo modo como sobre eles se refletem as consequências da respetiva concretização. Pelo contrário, a par de efeitos materiais, existem efeitos jurídicos, bem como pretensões de estofo jurídico quanto ao modo do respetivo exercício.

Na alínea *d)* do nº 1 do artigo 65º e no nº 4 do artigo 68º, são, entretanto, reconhecidas como uma das modalidades das relações jurídicas procedimentais as relações procedimentais entre órgãos da Administração Pública, respetivamente, nos papéis de exercerem poderes públicos e de figurarem como titulares ou defensores de situações jurídicas conformadas através do exercício de tais poderes. Assim sendo, e não sendo apropriado incluir estes órgãos no conceito de *sujeitos privados*, pareceu, apesar de tudo, preferível enquadrá-los no conceito de interessados na relação jurídica procedimental.

9 – O artigo 66º é dedicado à figura do auxílio administrativo. No seu nº 1, estabelecem-se pressupostos que, embora sob uma formulação simplificada, se inspiram no nº 1 do artigo 5º da lei alemã do procedimento administrativo. O artigo 92º do anterior Código é eliminado porque, na realidade, ele respeita ao auxílio administrativo, mas apenas no âmbito demasiado restrito da realização de diligências de prova.

No nº 2 do mesmo artigo 66º, estabelecem-se as garantias de sigilo, por remissão para o regime de acesso aos documentos administrativos.

No nº 3 ainda do mesmo artigo, prevê-se a situação de recusa do auxílio administrativo solicitado ou de dilação excessiva na sua prestação. Sem uma solução para o efeito, o auxílio administrativo não passaria de uma intenção piedosa. Mais uma vez, em lugar de conceber um regime *ex novo*, remeteu-se para a competência decisória que o Código define no domínio dos conflitos de jurisdição e de competência.

Por seu turno, o artigo 53º do anterior Código surge agora como artigo 68º, com alterações. No nº 1, a referência às associações é reelaborada. Por um lado, deixa-se cair a exigência de que não possuam caráter político ou sindical, porque o Tribunal Constitucional se pronunciou no sentido da inconstitucionalidade da recusa da legitimidade às associações sindicais para iniciarem procedimentos ou neles intervirem, tanto em defesa de interesses coletivos como em defesa coletiva de interesses individuais dos seus representados. Por outro lado, explicita-se agora a admissibilidade de as associações procederem, tanto à defesa de interesses coletivos, como à defesa coletiva de interesses individuais, desde que no âmbito do respetivo escopo institucional.

No nº 2, harmoniza-se o âmbito material dos interesses difusos com as qualificações levadas a cabo na alínea *a*) do nº 2 do artigo 53º da Constituição, e no nº 2 do artigo 9º do Código de Processo nos Tribunais Administrativos.

No nº 3, define-se, também em termos mais precisos, a legitimidade para a participação popular procedimental supletiva.

10 – As «Garantias de imparcialidade» surgem agora integradas na nova secção III (artigos 69º a 76º) deste capítulo II.

Trata-se de uma recolocação (e não refundição) dos artigos 44º a 51º do anterior Código. A principal novidade reside no aditamento de um nº 4 ao artigo 76º (anterior artigo 51º), na matéria tratada tradicionalmente como «suspeição». A ideia subjacente àquele preceito é a de que, independentemente de se estar fora de casos de presunção legal inilidível de parcialidade, será de todo o modo preciso, à luz das circunstâncias de cada caso, assegurar a credibilidade da decisão administrativa. Cabe ao legislador, não apenas neutralizar e reprimir situações mais ou menos declaradas de parcialidade subjetiva, mas também assegurar um clima na preparação e tomada das decisões que não favoreça a dúvida sobre a respetiva seriedade. Por isso, em vez de «suspeição», passa a falar-se da «razoabilidade de dúvida séria sobre a imparcialidade da atuação do órgão». O juízo não respeita tanto às condições subjetivas do agente, mas, mais, aos requisitos objetivos de confiança por parte da opinião pública.

11 – O capítulo III («Da conferência procedimental») do título I da mesma parte III abrange os artigos 77º a 81º. A expressão conferência procedimental afigura-se preferível à de conferência de serviços, de inspiração italiana. Na verdade, quem conferência são órgãos e não «serviços» à maneira italiana. Por outro lado, a conferência, quando tenha lugar, torna-se numa fase do procedimento administrativo, que tem caraterísticas próprias e assume grande relevo.

Caracterizam-se, desde logo, no nº 1 do artigo 77º, dois tipos distintos de conferências procedimentais: conferências para o exercício de competências em comum e conferências para o exercício conjugado de competências. Tal caraterização é completada no nº 3 do mesmo artigo 77º: no caso das primeiras, uma conferência deliberativa assume-se como contexto para o exercício conjunto, através de um só ato, das competências dos órgãos participantes; nas conferências de coordenação, os diversos órgãos exercem de *per si* as suas competências, embora o façam de modo conjugado no contexto proporcionado pela conferência. Se se trata de conferência deliberativa, é produzido um único ato complexo, cujo conteúdo engloba os efeitos típicos dos vários atos que substitui. Se, pelo contrário, estivermos perante uma conferência de coordenação, cada um dos órgãos participantes emite formalmente no seu contexto o ato correspondente à sua competência.

Estabelece-se, no nº 1 do artigo 78º, que, sem prejuízo da realização de conferências de coordenação por acordo entre os órgãos envolvidos, a possibilidade da realização de conferências procedimentais no âmbito de cada tipo de procedimento depende de previsão específica em lei ou regulamento, ou em contrato interadministrativo a celebrar entre entidades públicas autónomas.

Sem prejuízo da disciplina própria constante do ato instituidor, os artigos 79º a 81º consagram um regime diretamente aplicável às conferências procedimentais, estabelecendo regras sobre os poderes, deveres e ónus dos órgãos participantes e, no artigo 80º, sobre a audiência dos interessados e a eventual realização de audiência pública. Merece referência especial o facto de, no nº 2 do artigo 79º, se estabelecer que a convocação daquela conferência, quando ela for requerida por um ou mais interessados, constitui o órgão competente no dever de a convocar.

12 – Provêm da parte III do anterior Código, ainda que com algumas adaptações, os capítulos III a VII do título I desta parte III, respeitantes, respetivamente, ao direito à informação (artigos 82º a 85º), aos prazos (artigos 86º a 88º, com um artigo praticamente novo sobre a contagem dos prazos), às medidas provisórias (artigos 89º e 90º, com diversas modificações), aos pareceres (artigos 91º e 92º) e à extinção do procedimento (artigos 93º a 95º).

13 – No título II desta parte III contém-se a regulação específica do procedimento dos regulamentos. E também nesta matéria se inova bastante.

Merecem especial referência os novos requisitos da publicitação do procedimento do regulamento (artigo 98º). E é totalmente inovador o artigo 99º, ao impor que, da nota justificativa do projeto de regulamento, conste uma ponderação dos custos e benefícios das medidas projetadas.

14 – Quanto ao regime aplicável ao procedimento dos atos administrativos, e constante do título III da mesma parte III, há que destacar as inovações introduzidas no que respeita ao regime aplicável ao conteúdo, forma e perfeição da notificação dos atos administrativos e à forma de apresentação dos requerimentos; a simplificação do regime da instrução do procedimento; e as importantes alterações no regime dos prazos para a decisão do procedimento e consequências da sua inobservância.

15 – O regime substantivo dos regulamentos administrativos encontrava-se ausente do anterior Código. Pretendeu-se, por isso, preencher uma lacuna no nosso direito administrativo, numa área tão importante para a atividade administrativa.

Assim, o novo capítulo I da parte IV, dedicado ao regulamento administrativo, para além de consagrar disposições que merecem o consenso nas nossas doutrina e jurisprudência, como sejam o conceito de regulamento, a exigência de habilitação legal para a emissão de regulamentos e a disciplina das relações entre regulamentos, inova no tratamento da invalidade e do regime da invalidade do regulamento, consagrando, como regra geral, que a invalidade do regulamento, quando não referida à forma ou ao procedimento, é invocável a todo o tempo e por qualquer interessado (artigo 144º), e também nas consequências atribuídas à omissão de regulamento de cuja aprovação esteja dependente a aplicação de lei.

Um especial destaque merece ser, entretanto, dado à matéria da revogação dos regulamentos administrativos. Procurando dar resposta às questões colocadas pela doutrina em torno do regime da anterior versão do artigo 119º, passa a prever-se expressamente que os regulamentos de execução não podem ser objeto de revogação sem que a matéria seja objeto de nova regulamentação, dispondo-se, ainda, que a inobservância desta regra implicará a vigência das normas regulamentares do diploma revogado das quais dependa a aplicabilidade da lei exequenda (artigo 146º).

16 – No capítulo II da parte IV, respeitante ao ato administrativo, o novo Código visa adequar o conceito de ato administrativo ao regime substantivo e procedimental que lhe é aplicável, introduzindo a referência à sua aptidão para produzir efeitos externos, e pretende reconhecer o âmbito atual da figura, eliminando a referência ao elemento orgânico da respetiva autoria (artigo 148º).

Em matéria de cláusulas acessórias, esclarecem-se as condições de validade da sua aposição e reconhece-se uma nova cláusula, a «reserva», típica das decisões de direito público (artigo 149º).

Em matéria de eficácia do ato administrativo, o novo Código limita-se à clarificação normativa de situações que suscitaram dúvidas, seja sobre a produção diferida ou condicionada dos efeitos (artigos 155º e 157º), seja sobre a diferença entre publicidade e publicação (artigo 158º), seja, sobretudo, sobre a garantia da inoponibilidade aos respetivos destinatários de atos constitutivos de deveres ou outras situações jurídicas passivas sem prévia notificação (artigo 160º).

17 – No que respeita à invalidade do ato administrativo, introduzem-se modificações mais profundas.

Por um lado, por razões de certeza e segurança, determina-se que a nulidade pressupõe a respetiva cominação legal expressa, eliminando-se a categoria das «nulidades por natureza», definidas através de conceitos indeterminados, que suscitariam dúvidas de interpretação. Em consequência, com base na doutrina e na prática jurisprudencial, alargam-se os casos de nulidade expressamente previstos até agora no anterior Código, designadamente, aos atos praticados com desvio de poder para fins de interesse privado, aos atos certificativos de factos inverídicos ou inexistentes e aos atos que criem obrigações pecuniárias sem base legal (artigo 161º). Aproveita-se ainda para clarificar e flexibilizar o regime da nulidade, acentuando-se a possibilidade de atribuição de efeitos putativos aos atos nulos em condições mais amplas do que na versão inicial do Código, e admitindo-se a sua reforma e conversão (artigos 162º e 164º).

Por outro lado, pormenoriza-se o regime da anulabilidade, determinando-se as circunstâncias e as condições em que é admissível o afastamento do efeito anulatório (artigo 163º), regulando-se expressamente os efeitos da anulação (artigo 172º), até agora constantes apenas do Código de Processo nos Tribunais Administrativos, e esclarecendo-se os efeitos da ratificação, reforma e conversão (artigo 164º).

18 – Sobre a revisão dos atos administrativos, o novo Código, passa agora a concretizar e aprofundar a distinção entre a revogação propriamente dita e a revogação anulatória, passando a designar esta, na esteira da generalidade da doutrina dos países europeus, como «anulação administrativa» (artigo 165º). No seguimento da distinção, estabelecem-se os condicionalismos aplicáveis a cada uma das figuras, em função da sua finalidade e razão de ser, regulando-se com algum pormenor várias situações e resolvendo-se alguns problemas que têm sido suscitados (artigos 167º e 168º), dando-se expressão às propostas de alteração aos artigos 140º e 141º do anterior Código, que, ao longo dos últimos 20 anos, têm sido formuladas na doutrina e que, no essencial, são inspiradas pela lei alemã do procedimento.

Houve, designadamente, a preocupação de evitar soluções puramente logicistas, operando-se distinções de regime em função do conteúdo dos atos (favorável ou desfavorável), dos seus efeitos (instantâneos ou duradouros) e das posições jurídicas dos destinatários e de terceiros (direitos, interesses legalmente protegidos ou posições precárias), permitindo-se a ponderação de interesses e valores pela Administração nos casos concretos (tendo em conta a boa ou má-fé, a proteção da confiança legítima e a relevância dos interesses públicos e privados envolvidos). Neste contexto, conferiu-se especial importância à garantia de um equilíbrio entre a estabilidade do ato administrativo e a sua adequação às mudanças da realidade e à evolução dos conhecimentos, no quadro da realização dinâmica dos interesses públicos, com respeito pelos direitos e interesses legalmente protegidos dos particulares – um equilíbrio indispensável na atual sociedade de risco e de incerteza (artigo 167º). Por outro lado, em sintonia com a parte final do nº 3 do artigo 18º da Constituição, e, agora, com a alínea *d)* do nº 2 do artigo 161º do novo Código, a afetação, pela revogação, do conteúdo essencial de um direito concede ao titular desse direito, se estiver de boa-fé, direito a indemnização nos termos da indemnização por sacrifício.

É de salientar a diferenciação entre a anulação administrativa e a anulação judicial dos atos administrativos, fixando-se prazos que podem não coincidir para ambos os efeitos e permitindo-se, em certas circunstâncias e condições, a anulação administrativa de atos tornados contenciosamente inimpugnáveis, com efeitos retroativos ou apenas para o futuro, no pressuposto de que o mero decurso do prazo de impugnação judicial não torna válido o ato anulável. Merece destaque, ainda, a harmonização, nesta matéria, entre o direito interno e outros ordenamentos jurídicos, em especial quando a atuação administrativa envolva a aplicação do direito da União Europeia (artigo 168º).

19 – No que respeita ao regime da execução dos atos administrativos, a grande novidade é a consagração do princípio de que a execução coerciva dos atos administrativos só pode ser realizada pela Administração nos casos expressamente previstos na lei ou em situações de urgente necessidade pública, devidamente fundamentada (artigo 176º). Trata-se de opção sustentada ao longo dos últimos 30 anos por uma parte muito significativa da doutrina. No essencial, o regime do nº 2 do artigo 176º procura refletir, entretanto, o regime tradicionalmente vigente no direito francês sobre a matéria, embora com salvaguarda do regime aplicável à execução coerciva de obrigações pecuniárias.

Desta opção resulta a desnecessidade de se prever no Código os meios de execução. O conteúdo do regime dos artigos 155º a 157º do anterior Código é, no entanto, quase integralmente aproveitado no novo articulado.

No artigo 177º, propõe-se a explicitação do que presentemente apenas resulta implícito: que os procedimentos de execução têm início com a emissão de uma decisão autónoma de proceder à execução; a exigência que a esta decisão é associada de determinar o conteúdo e os termos da execução; a clarificação da função de interpelação ao cumprimento, que é associada à notificação da decisão de proceder à execução, a qual pode ser feita conjuntamente com a notificação do ato exequendo.

No artigo 182º, procura-se aperfeiçoar e densificar o regime das garantias dos executados perante atos administrativos e operações materiais de execução ilegais.

Por último, com o novo artigo 183º pretende-se preencher uma lacuna desde há muito identificada no nosso ordenamento jurídico no que respeita à determinação do modo de execução dos atos administrativos por via jurisdicional, quando não seja admitida a execução coerciva pela via administrativa.

20 – Também na secção VI do capítulo II da parte IV, que regula a reclamação e os recursos administrativos, foram introduzidas diversas alterações importantes.

Para começar, estabelece-se que, em regra, as reclamações e os recursos têm caráter facultativo (nº 2 do artigo 185º). Depois, elimina-se, neste domínio, a figura do indeferimento tácito, em sintonia com o que fica disposto no artigo 130º, para o procedimento declarativo de primeiro grau.

Além disso, introduz-se, no âmbito das impugnações administrativas, a regulação, até agora omissa, relativa ao incumprimento do dever de decidir, fixando-se o prazo para reagir contra a omissão ilegal de atos administrativos e prevendo-se, além do mais, a possibilidade de suprir a omissão, quer por parte da autoridade recorrida, quer por parte da autoridade para a qual se recorre (nº 5 do artigos 195º e nº 4 do artigo 197º).

Também se modificam as formalidades do recurso hierárquico, simplificando-se a respetiva tramitação (artigo 195º). E, por outro lado, determina-se que o órgão competente para conhecer do recurso não fica obrigado à proposta de pronúncia do autor do ato ou da omissão, e deve respeitar, na fundamentação da decisão que venha a tomar, quando não opte por aquela proposta, os requisitos gerais da fundamentação do ato administrativo (nº 2 do artigo 197º).

Por fim, os recursos anteriormente designados como «recursos hierárquicos impróprios» e o recurso tutelar passam a estar englobados na categoria dos «recursos administrativos especiais» (artigo 199º).

21 – Entendeu-se, entretanto, dever reunir num último capítulo, o capítulo III da parte IV, um pequeno conjunto de preceitos sobre os contratos da Admi-

nistração Pública. Atendendo à existência do Código dos Contratos Públicos, que estabelece, com pormenor, o regime dos procedimentos administrativos de formação das principais espécies de contratos públicos e o regime substantivo comum dos contratos administrativos, optou-se por apenas se sintetizar, mediante remissão, o sistema das fontes disciplinadoras dos aspetos estruturais dos regimes que são aplicáveis, tanto no plano procedimental, como no plano substantivo, aos contratos celebrados pela Administração Pública.

Tendo em atenção que o regime de contratação pública do Código dos Contratos Públicos se não aplica à formação de todos os contratos administrativos, estatuiu-se que, na ausência de lei própria, se aplica à formação destes o regime geral do procedimento administrativo (nº 3 do artigo 201º).

Deixa-se clara a aplicabilidade da regra do nº 3 do artigo 2º, prevendo-se a incidência, sobre os órgãos da Administração Pública, no âmbito dos contratos sujeitos a um regime de direito privado, das disposições do Código do Procedimento Administrativo que concretizem preceitos constitucionais e dos princípios gerais da atividade administrativa.

22 – Com a publicação do novo Código do Procedimento Administrativo, o Governo está consciente de que dota a Administração Pública de um diploma fundamental para que ela possa responder de modo eficiente aos desafios que hoje lhe são colocados.

Foram ouvidos os órgãos de governo próprio das Regiões Autónomas, a Comissão Nacional de Proteção de Dados, a Associação Nacional de Municípios Portugueses, o Conselho Superior da Magistratura, o Conselho Superior do Ministério Público, o Conselho Superior dos Tribunais Administrativos e Fiscais, a Ordem dos Advogados e a Associação Sindical dos Juízes Portugueses. Foi promovida a audição da Associação Nacional de Freguesias, do Conselho Distrital do Porto da Ordem dos Advogados, do Conselho Distrital de Coimbra da Ordem dos Advogados, do Conselho Distrital de Lisboa da Ordem dos Advogados, do Conselho Distrital de Évora da Ordem dos Advogados, do Conselho Distrital de Faro da Ordem dos Advogados, do Conselho Distrital dos Açores da Ordem dos Advogados, do Conselho Distrital da Madeira da Ordem dos Advogados, da Câmara dos Solicitadores, do Conselho dos Oficiais de Justiça, do Sindicato dos Magistrados do Ministério Público, do Sindicato dos Funcionários Judiciais, do Sindicato dos Oficiais de Justiça, da Associação dos Oficiais de Justiça e do Movimento Justiça e Democracia.

Assim:

No uso da autorização legislativa concedida pela Lei n.º 42/2014, de 11 de julho, e nos termos das alíneas *a)* e *b)* do n.º 1 do artigo 198.º da Constituição, o Governo decreta o seguinte:

ARTIGO 1º
Objeto

O presente decreto-lei aprova o novo Código do Procedimento Administrativo.

ARTIGO 2º
Aprovação

É aprovado, em anexo ao presente decreto-lei, que dele faz parte integrante, o novo Código do Procedimento Administrativo, doravante designado por Código.

ARTIGO 3º
Impugnações administrativas necessárias

1 – As impugnações administrativas existentes à data da entrada em vigor do presente decreto-lei só são necessárias quando previstas em lei que utilize uma das seguintes expressões:

a) A impugnação administrativa em causa é «necessária»;

b) Do ato em causa «existe sempre» reclamação ou recurso;

c) A utilização de impugnação administrativa «suspende» ou «tem efeito suspensivo» dos efeitos do ato impugnado.

2 – O prazo mínimo para a utilização de impugnações administrativas necessárias é de 10 dias, passando a ser esse o prazo a observar quando seja previsto prazo inferior na legislação existente à data da entrada em vigor do presente decreto-lei.

3 – As impugnações administrativas necessárias previstas na legislação existente à data da entrada em vigor do presente decreto-lei têm sempre efeitos suspensivos da eficácia do ato impugnado.

4 – São revogadas as disposições incompatíveis com o disposto nos nºs 2 e 3.

ARTIGO 4º
Conferências procedimentais

1 – Sem prejuízo do disposto nos n.os 1 e 2 do artigo 78.º do Código, o regime das conferências procedimentais constante dos seus n.os 1, 2 e 5 do artigo 77.º, dos n.os 3 a 8 do artigo 79.º, do artigo 80.º e dos n.os 1 a 4 e 7 a 8 do artigo 81.º, é imediatamente aplicável, nos termos dos números seguintes, ao procedimento previsto no Sistema de Indústria Responsável, aprovado em anexo ao Decreto -Lei n.º 169/2012, de 1 de agosto, doravante designado por SIR.

2 – No âmbito do SIR, compete à entidade coordenadora, nos termos, prazos e condições previstos no artigo 22.º desse regime, promover a convocação das entidades públicas que devam pronunciar -se sobre o pedido de autorização prévia para a instalação de estabelecimento industrial para a conferência mencionada no n.º 5 do artigo 77.º do Código:

a) Por sua iniciativa;

b) A pedido do interessado, desde que tal seja formulado aquando do início do procedimento de autorização prévia, nos termos do disposto no n.º 1 do artigo 21.º do SIR.

3 – Convocada a conferência procedimental, à mesma é aplicável o regime referido no n.º 1, com exclusão das disposições do procedimento aí mencionado que disciplinem a tramitação da obtenção, por parte de entidades públicas, de aprovações e autorizações de localização ou de instalação.

4 – Decorrido o prazo mencionado no n.º 2 sem que tenha sido convocada a conferência, a faculdade da sua convocação deixa de poder ser exercida, salvo se o interessado provar que requereu a convocação da mesma no respetivo procedimento.

5 – Verificada a situação prevista na parte inicial do número anterior, o procedimento administrativo referido no n.º 1 segue os termos previstos no respetivo regime.

ARTIGO 5º
Boas práticas administrativas

1 – No prazo de um ano, a contar da data da entrada em vigor do presente decreto-lei, o Governo aprova, por Resolução do Conselho de Ministros, um «Guia de boas práticas administrativas».

2 – O guia referido no número anterior tem caráter orientador e enuncia padrões de conduta a assumir pela Administração Pública.

ARTIGO 6.º
Norma transitória

O n.º 2 do artigo 149.º do Decreto-Lei n.º 442/91, de 15 de novembro, alterado pelo Decreto-Lei n.º 6/96, de 31 de janeiro, mantém -se em vigor até à data da entrada em vigor do diploma referido no n.º 2 do artigo 8.º

ARTIGO 7º
Norma revogatória

É revogado o Decreto-Lei n.º 442/91, de 15 de novembro, alterado pelo Decreto-Lei n.º 6/96, de 31 de janeiro.

ARTIGO 8º
Aplicação no tempo e produção de efeitos

1 – O disposto nas partes I e II, no capítulo III do título I da parte III e na parte IV do Código aplica-se aos procedimentos administrativos em curso à data da sua entrada em vigor, sendo as restantes disposições do Código aplicáveis apenas aos procedimentos administrativos que se iniciem após a entrada em vigor do presente Decreto-lei.

2 – O n.º 1 do artigo 176.º do Código aplica-se a partir da data da entrada em vigor do diploma que define os casos, as formas e os termos em que os atos administrativos podem ser impostos coercivamente pela Administração, a aprovar no prazo de 60 dias a contar da data da entrada em vigor do presente decreto-lei.

ARTIGO 9º
Entrada em vigor

O presente decreto-lei entra em vigor 90 dias após a sua publicação.

Visto e aprovado em Conselho de Ministros de 9 de outubro de 2014. – *Pedro Passos Coelho – Maria Luís Casanova Morgado Dias de Albuquerque – Paula Maria von Hafe Teixeira da Cruz – Pedro Alexandre Vicente de Araújo Lomba – António de Magalhães Pires de Lima – Jorge Manuel Lopes Moreira da Silva.*

Promulgado em 2 de janeiro de 2015.

Publique-se.

O Presidente da República, Aníbal Cavaco Silva.

Referendado em 6 de janeiro de 2015.

O Primeiro-Ministro, *Pedro Passos Coelho.*

ANEXO
(a que se refere o artigo 2º)

CÓDIGO DO PROCEDIMENTO ADMINISTRATIVO

PARTE I
Disposições gerais

CAPÍTULO I
Disposições preliminares

ARTIGO 1º
Definições

1 – Entende-se por procedimento administrativo a sucessão ordenada de atos e formalidades relativos à formação, manifestação e execução da vontade dos órgãos da Administração Pública.

2 – Entende-se por processo administrativo o conjunto de documentos devidamente ordenados em que se traduzem os atos e formalidades que integram o procedimento administrativo.

ARTIGO 2º
Âmbito de aplicação

1 – As disposições do presente Código respeitantes aos princípios gerais, ao procedimento e à atividade administrativa são aplicáveis à conduta de quaisquer entidades, independentemente da sua natureza, adotada no exercício de poderes públicos ou regulada de modo específico por disposições de direito administrativo.

2 – A parte II do presente Código é aplicável ao funcionamento dos órgãos da Administração Pública.

3 – Os princípios gerais da atividade administrativa e as disposições do presente Código que concretizam preceitos constitucionais são aplicáveis a toda e qualquer atuação da Administração Pública, ainda que meramente técnica ou de gestão privada.

4 – Para efeitos do disposto no presente Código, integram a Administração Pública:

a) Os órgãos do Estado e das regiões autónomas que exercem funções administrativas a título principal;
b) As autarquias locais e suas associações e federações de direito público;
c) As entidades administrativas independentes;
d) Os institutos públicos e as associações públicas.

5 – As disposições do presente Código, designadamente as garantias nele reconhecidas aos particulares, aplicam-se subsidiariamente aos procedimentos administrativos especiais.

CAPÍTULO II
Princípios gerais da atividade administrativa

ARTIGO 3º
Princípio da legalidade

1 – Os órgãos da Administração Pública devem atuar em obediência à lei e ao direito, dentro dos limites dos poderes que lhes forem conferidos e em conformidade com os respetivos fins.

2 – Os atos administrativos praticados em estado de necessidade, com preterição das regras estabelecidas no presente Código, são válidos, desde que

os seus resultados não pudessem ter sido alcançados de outro modo, mas os lesados têm o direito de ser indemnizados nos termos gerais da responsabilidade da Administração.

ARTIGO 4º
Princípio da prossecução do interesse público e da proteção dos direitos e interesses dos cidadãos

Compete aos órgãos da Administração Pública prosseguir o interesse público, no respeito pelos direitos e interesses legalmente protegidos dos cidadãos.

ARTIGO 5º
Princípio da boa administração

1 – A Administração Pública deve pautar-se por critérios de eficiência, economicidade e celeridade.

2 – Para efeitos do disposto no número anterior, a Administração Pública deve ser organizada de modo a aproximar os serviços das populações e por forma não burocratizada

ARTIGO 6º
Princípio da igualdade

Nas suas relações com os particulares, a Administração Pública deve reger-se pelo princípio da igualdade, não podendo privilegiar, beneficiar, prejudicar, privar de qualquer direito ou isentar de qualquer dever ninguém em razão de ascendência, sexo, raça, língua, território de origem, religião, convicções políticas ou ideológicas, instrução, situação económica, condição social ou orientação sexual.

ARTIGO 7º
Princípio da proporcionalidade

1 – Na prossecução do interesse público, a Administração Pública deve adotar os comportamentos adequados aos fins prosseguidos.

2 – As decisões da Administração que colidam com direitos subjetivos ou interesses legalmente protegidos dos particulares só podem afetar essas posições na medida do necessário e em termos proporcionais aos objetivos a realizar.

ARTIGO 8º
Princípios da justiça e da razoabilidade

A Administração Pública deve tratar de forma justa todos aqueles que com ela entrem em relação, e rejeitar as soluções manifestamente desrazoáveis ou incompatíveis com a ideia de Direito, nomeadamente em matéria de interpretação das normas jurídicas e das valorações próprias do exercício da função administrativa.

ARTIGO 9º
Princípio da imparcialidade

A Administração Pública deve tratar de forma imparcial aqueles que com ela entrem em relação, designadamente, considerando com objetividade todos e apenas os interesses relevantes no contexto decisório e adotando as soluções organizatórias e procedimentais indispensáveis à preservação da isenção administrativa e à confiança nessa isenção.

ARTIGO 10º
Princípio da boa-fé

1 – No exercício da atividade administrativa e em todas as suas formas e fases, a Administração Pública e os particulares devem agir e relacionar-se segundo as regras da boa-fé.

2 – No cumprimento do disposto no número anterior, devem ponderar-se os valores fundamentais do Direito relevantes em face das situações consideradas, e, em especial, a confiança suscitada na contraparte pela atuação em causa e o objetivo a alcançar com a atuação empreendida.

ARTIGO 11º
Princípio da colaboração com os particulares

1 – Os órgãos da Administração Pública devem atuar em estreita colaboração com os particulares, cumprindo-lhes, designadamente, prestar aos particulares as informações e os esclarecimentos de que careçam, apoiar e estimular as suas iniciativas e receber as suas sugestões e informações.

2 – A Administração Pública é responsável pelas informações prestadas por escrito aos particulares, ainda que não obrigatórias.

ARTIGO 12º
Princípio da participação

Os órgãos da Administração Pública devem assegurar a participação dos particulares, bem como das associações que tenham por objeto a defesa dos seus interesses, na formação das decisões que lhes digam respeito, designadamente através da respetiva audiência nos termos do presente Código.

ARTIGO 13º
Princípio da decisão

1 – Os órgãos da Administração Pública têm o dever de se pronunciar sobre todos os assuntos da sua competência que lhes sejam apresentados e, nomeadamente, sobre os assuntos que aos interessados digam diretamente respeito, bem como sobre quaisquer petições, representações, reclamações ou queixas formuladas em defesa da Constituição, das leis ou do interesse público.

2 – Não existe o dever de decisão quando, há menos de dois anos, contados da data da apresentação do requerimento, o órgão competente tenha praticado um ato administrativo sobre o mesmo pedido, formulado pelo mesmo particular com os mesmos fundamentos.

3 – Os órgãos da Administração Pública podem decidir sobre coisa diferente ou mais ampla do que a pedida, quando o interesse público assim o exija.

ARTIGO 14º
Princípios aplicáveis à administração eletrónica

1 – Os órgãos e serviços da Administração Pública devem utilizar meios eletrónicos no desempenho da sua atividade, de modo a promover a eficiência e a transparência administrativas e a proximidade com os interessados.

2 – Os meios eletrónicos utilizados devem garantir a disponibilidade, o acesso, a integridade, a autenticidade, a confidencialidade, a conservação e a segurança da informação.

3 – A utilização de meios eletrónicos, dentro dos limites estabelecidos na Constituição e na lei, está sujeita às garantias previstas no presente Código e aos princípios gerais da atividade administrativa.

4 – Os serviços administrativos devem disponibilizar meios eletrónicos de relacionamento com a Administração Pública e divulgá-los de forma adequada, de modo a que os interessados os possam utilizar no exercício dos seus

direitos e interesses legalmente protegidos, designadamente para formular as suas pretensões, obter e prestar informações, realizar consultas, apresentar alegações, efetuar pagamentos e impugnar atos administrativos.

5 – Os interessados têm direito à igualdade no acesso aos serviços da Administração, não podendo, em caso algum, o uso de meios eletrónicos implicar restrições ou discriminações não previstas para os que se relacionem com a Administração por meios não eletrónicos.

6 – O disposto no número anterior não prejudica a adoção de medidas de diferenciação positiva para a utilização, pelos interessados, de meios eletrónicos no relacionamento com a Administração Pública.

ARTIGO 15º
Princípio da gratuitidade

1 – O procedimento administrativo é tendencialmente gratuito, na medida em que leis especiais não imponham o pagamento de taxas por despesas, encargos ou outros custos suportados pela Administração.

2 – Em caso de insuficiência económica, a Administração isenta, total ou parcialmente, o interessado do pagamento das taxas ou das despesas referidas no número anterior.

3 – A insuficiência económica deve ser provada nos termos da lei sobre apoio judiciário, com as devidas adaptações.

ARTIGO 16º
Princípio da responsabilidade

A Administração Pública responde, nos termos da lei, pelos danos causados no exercício da sua atividade.

ARTIGO 17º
Princípio da administração aberta

1 – Todas as pessoas têm o direito de acesso aos arquivos e registos administrativos, mesmo quando nenhum procedimento que lhes diga diretamente respeito esteja em curso, sem prejuízo do disposto na lei em matérias relativas à segurança interna e externa, à investigação criminal, ao sigilo fiscal e à privacidade das pessoas.

2 – O acesso aos arquivos e registos administrativos é regulado por lei.

ARTIGO 18º
Princípio da proteção dos dados pessoais

Os particulares têm direito à proteção dos seus dados pessoais e à segurança e integridade dos suportes, sistemas e aplicações utilizados para o efeito, nos termos da lei.

ARTIGO 19º
Princípio da cooperação leal com a União Europeia

1 – Sempre que o direito da União Europeia imponha à Administração Pública a obrigação de prestar informações, apresentar propostas ou de, por alguma outra forma, colaborar com a Administração Pública de outros Estados-membros, essa obrigação deve ser cumprida no prazo para tal estabelecido.

2 – Na ausência de prazo específico, a obrigação referida no número anterior é cumprida no quadro da cooperação leal que deve existir entre a Administração Pública e a União Europeia.

PARTE II
Dos órgãos da Administração Pública

CAPÍTULO I
Natureza e regime dos órgãos

ARTIGO 20º
Órgãos

1 – São órgãos da Administração Pública os centros institucionalizados titulares de poderes e deveres para efeitos da prática de atos jurídicos imputáveis à pessoa coletiva.

2 – Os órgãos são, nos termos das normas que os instituem ou preveem a sua instituição, singulares ou colegiais e permanentes ou temporários.

3 – Os órgãos colegiais podem adotar o seu regimento no quadro das normas legais e estatutárias aplicáveis.

CAPÍTULO II
Dos órgãos colegiais

ARTIGO 21º
Presidente e secretário

1 – Sempre que a lei não disponha de forma diferente, cada órgão colegial da Administração Pública tem um presidente e um secretário, a eleger pelos membros que o compõem.

2 – Cabe ao presidente do órgão colegial, além de outras funções que lhe sejam atribuídas, abrir e encerrar as reuniões, dirigir os trabalhos e assegurar o cumprimento das leis e a regularidade das deliberações.

3 – O presidente pode, ainda, suspender ou encerrar antecipadamente as reuniões, quando circunstâncias excecionais o justifiquem, mediante decisão fundamentada, a incluir na ata da reunião, podendo a decisão ser revogada em recurso imediatamente interposto e votado favoravelmente, de forma não tumultuosa, por maioria de dois terços dos membros com direito a voto.

4 – O presidente, ou quem o substituir, pode reagir judicialmente contra deliberações tomadas pelo órgão a que preside quando as considere ilegais, impugnando atos administrativos ou normas regulamentares ou pedindo a declaração de ilegalidade por omissão de normas, bem como requerer as providências cautelares adequadas.

ARTIGO 22º
Suplência do presidente e do secretário

1 – Salvo disposição legal, estatutária ou regimental em contrário, intervêm como suplentes do presidente e do secretário de qualquer órgão colegial, quando ocorra a sua ausência ou impedimento, respetivamente, o vogal mais antigo e o vogal mais moderno.

2 – No caso de os vogais possuírem a mesma antiguidade reportada ao momento da assunção do cargo, intervêm como suplentes, respetivamente, o vogal de mais idade e o vogal mais jovem.

3 – Em caso de conflito entre o presidente e o órgão quanto aos pressupostos de intervenção de um seu suplente, prevalece a vontade colegial quando não caiba a outro órgão a competência para o dirimir.

ARTIGO 23º
Reuniões ordinárias

1 – Na falta de determinação legal, estatutária ou regimental ou de deliberação do órgão, cabe ao presidente a fixação dos dias e horas das reuniões ordinárias.

2 – Quaisquer alterações ao dia e hora fixados para as reuniões devem ser comunicadas a todos os membros do órgão, de forma a garantir o seu conhecimento seguro e oportuno.

ARTIGO 24º
Reuniões extraordinárias

1 – As reuniões extraordinárias têm lugar mediante convocação do presidente, salvo disposição especial.

2 – O presidente é obrigado a proceder à convocação sempre que pelo menos um terço dos vogais lho solicitem por escrito, indicando o assunto que desejam ver tratado.

3 – A convocatória da reunião deve ser feita para um dos 15 dias seguintes à apresentação do pedido, mas sempre com uma antecedência mínima de 48 horas sobre a data da reunião extraordinária.

4 – Da convocatória devem constar, de forma expressa e especificada, os assuntos a tratar na reunião.

5 – Se o presidente não proceder à convocação requerida nos termos do nº 2, podem os requerentes efetuá-la diretamente, com invocação dessa circunstância, expedindo a convocatória para os endereços eletrónicos de todos os membros do órgão, quando aqueles se encontrem registados nos termos estatutários ou regimentais, ou publicitando-a mediante publicação num jornal de circulação nacional ou local e nos locais de estilo usados para a notificação edital.

6 – A convocatória efetuada de acordo com o disposto no número anterior deve ser feita com a antecedência mínima de 48 horas.

ARTIGO 25º
Ordem do dia

1 – A ordem do dia de cada reunião é estabelecida pelo presidente, e, salvo disposição especial em contrário, deve incluir os assuntos que para esse fim

lhe forem indicados por qualquer vogal, desde que sejam da competência do órgão e o pedido seja apresentado por escrito com uma antecedência mínima de cinco dias sobre a data da reunião.

2 – A ordem do dia deve ser entregue a todos os membros com a antecedência de, pelo menos, 48 horas sobre a data da reunião.

3 – No caso previsto no nº 5 do artigo anterior, a competência conferida no nº 1 ao presidente é devolvida aos vogais que convoquem a reunião.

ARTIGO 26º
Objeto das deliberações

1 – Só podem ser tomadas deliberações cujo objeto se inclua na ordem do dia da reunião.

2 – Excetuam-se do disposto no número anterior os casos em que, numa reunião ordinária, pelo menos dois terços dos membros do órgão reconheçam a urgência de deliberação imediata sobre assunto não incluído na ordem do dia.

ARTIGO 27º
Reuniões públicas

1 – As reuniões dos órgãos da Administração Pública não são públicas, salvo disposição legal em contrário.

2 – Quando as reuniões hajam de ser públicas, deve ser dada publicidade aos dias, horas e locais da sua realização, de forma a garantir o conhecimento dos interessados com uma antecedência de, pelo menos, 48 horas sobre a data da reunião.

3 – Quando a lei o determinar ou o órgão tiver deliberado nesse sentido, podem os assistentes às reuniões públicas intervir para comunicar ou pedir informações, ou expressar opiniões, sobre assuntos relevantes da competência daquele.

ARTIGO 28º
Inobservância das disposições sobre convocação de reuniões

A ilegalidade resultante da inobservância das disposições contidas nos artigos 23º e 24º e dos prazos estabelecidos no artigo 25º só se considera sanada quando todos os membros do órgão compareçam à reunião e nenhum suscite logo de início oposição à sua realização.

ARTIGO 29º
Quórum

1 – Os órgãos colegiais só podem, em regra, deliberar quando esteja presente a maioria do número legal dos seus membros com direito a voto.

2 – Quando se não verifique na primeira convocação o *quórum* previsto no número anterior, deve ser convocada nova reunião com um intervalo mínimo de 24 horas.

3 – Sempre que se não disponha de forma diferente, os órgãos colegiais reunidos em segunda convocatória podem deliberar desde que esteja presente um terço dos seus membros com direito a voto.

4 – Nos órgãos colegiais compostos por três membros, é de dois o *quorum* necessário para deliberar, mesmo em segunda convocatória.

ARTIGO 30º
Proibição da abstenção

No silêncio da lei, é proibida a abstenção aos membros dos órgãos consultivos e aos dos órgãos deliberativos, quando no exercício de funções consultivas.

ARTIGO 31º
Formas de votação

1 – As deliberações são antecedidas de discussão das respetivas propostas sempre que qualquer membro do órgão colegial nisso mostre interesse e, salvo disposição legal em contrário, são tomadas por votação nominal, devendo votar primeiramente os vogais e, por fim, o presidente.

2 – As deliberações que envolvam um juízo de valor sobre comportamentos ou qualidades de pessoas são tomadas por escrutínio secreto, devendo o presidente, em caso de dúvida fundada, determinar que seja essa a forma para a votação.

3 – Quando exigida, a fundamentação das deliberações tomadas por escrutínio secreto é feita pelo presidente do órgão colegial após a votação, tendo presente a discussão que a tiver precedido.

4 – Não podem estar presentes no momento da discussão nem da votação os membros do órgão que se encontrem ou se considerem impedidos.

ARTIGO 32º
Maioria exigível nas deliberações

1 – As deliberações são tomadas por maioria absoluta de votos dos membros presentes à reunião, salvo nos casos em que, por disposição legal ou estatutária, se exija maioria qualificada ou seja suficiente maioria relativa.

2 – Quando seja exigível maioria absoluta e esta não se forme, nem se verifique empate, procede-se imediatamente a nova votação e, se aquela situação se mantiver, adia-se a deliberação para a reunião seguinte, na qual a maioria relativa é suficiente.

ARTIGO 33º
Empate na votação

1 – Em caso de empate na votação, o presidente tem voto de qualidade, ou, sendo caso disso, de desempate, salvo se a votação se tiver efetuado por escrutínio secreto.

2 – Havendo empate em votação por escrutínio secreto, procede-se imediatamente a nova votação e, se o empate se mantiver, adia-se a deliberação para a reunião seguinte.

3 – Se, na primeira votação da reunião seguinte, se mantiver o empate, procede-se a votação nominal, na qual a maioria relativa é suficiente.

ARTIGO 34º
Ata da reunião

1 – De cada reunião é lavrada ata, que contém um resumo de tudo o que nela tenha ocorrido e seja relevante para o conhecimento e a apreciação da legalidade das deliberações tomadas, designadamente a data e o local da reunião, a ordem do dia, os membros presentes, os assuntos apreciados, as deliberações tomadas, a forma e o resultado das respetivas votações e as decisões do presidente.

2 – As atas são lavradas pelo secretário e submetidas à aprovação dos membros no final da respetiva reunião ou no início da reunião seguinte, sendo assinadas, após a aprovação, pelo presidente e pelo secretário.

3 – Não participam na aprovação da ata os membros que não tenham estado presentes na reunião a que ela respeita.

4 – Nos casos em que o órgão assim o delibere, a ata é aprovada, logo na reunião a que diga respeito, em minuta sintética, devendo ser depois transcrita com maior concretização e novamente submetida a aprovação.

5 – O conjunto das atas é autuado e paginado de modo a facilitar a sucessiva inclusão das novas atas e a impedir o seu extravio.

6 – As deliberações dos órgãos colegiais só se tornam eficazes depois de aprovadas as respetivas atas ou depois de assinadas as minutas e a eficácia das deliberações constantes da minuta cessa se a ata da mesma reunião não as reproduzir.

ARTIGO 35º
Registo na ata do voto de vencido

1 – Os membros do órgão colegial podem fazer constar da ata o seu voto de vencido, enunciando as razões que o justifiquem.

2 – Aqueles que ficarem vencidos na deliberação tomada e fizerem registo da respetiva declaração de voto na ata ficam isentos da responsabilidade que daquela eventualmente resulte.

3 – Quando se trate de pareceres a dar a outros órgãos administrativos, as deliberações são sempre acompanhadas das declarações de voto apresentadas.

CAPÍTULO III
Da competência

ARTIGO 36º
Irrenunciabilidade e inalienabilidade

1 – A competência é definida por lei ou por regulamento e é irrenunciável e inalienável, sem prejuízo do disposto quanto à delegação de poderes, à suplência e à substituição.

2 – É nulo todo o ato ou contrato que tenha por objeto a renúncia à titularidade ou ao exercício da competência conferida aos órgãos administrativos, sem prejuízo da delegação de poderes e figuras afins legalmente previstas.

ARTIGO 37º
Fixação da competência

1 – A competência fixa-se no momento em que se inicia o procedimento, sendo irrelevantes as modificações de facto que ocorram posteriormente.

2 – São igualmente irrelevantes as modificações de direito, exceto se o órgão a que o procedimento estava afeto for extinto ou deixar de ser competente ou se lhe for atribuída a competência de que inicialmente carecesse.

3 – Quando o órgão competente passar a ser outro, deve o processo ser-lhe remetido oficiosamente.

ARTIGO 38º
Questões prejudiciais

1 – Se a decisão final depender da decisão de uma questão que tenha de constituir objeto de procedimento próprio ou específico ou que seja da competência de outro órgão administrativo ou dos tribunais, deve o órgão competente para a decisão final suspender o procedimento administrativo, com explicitação dos fundamentos, até que tenha havido pronúncia sobre a questão prejudicial, salvo se da não resolução imediata do assunto resultarem graves prejuízos para interesses públicos ou privados.

2 – A suspensão cessa:

a) Quando a decisão da questão prejudicial depender da apresentação de pedido pelo interessado e este não o apresentar perante o órgão administrativo ou o tribunal competente nos 30 dias seguintes à notificação da suspensão;

b) Quando o procedimento ou o processo instaurado para conhecimento da questão prejudicial estiver parado, por culpa do interessado, por mais de 30 dias;

c) Quando, por circunstâncias supervenientes, a falta de resolução imediata do assunto causar graves prejuízos para interesses públicos ou privados.

3 – Se não for declarada a suspensão ou esta cessar, o órgão administrativo conhece das questões prejudiciais, mas a respetiva decisão não produz quaisquer efeitos fora do procedimento em que for proferida.

ARTIGO 39º
Conflitos de competência territorial

Em caso de dúvidas sérias de entendimento ou de aplicação das normas de competência territorial, deve ser utilizado, como critério interpretativo, o da localização mais adequada do órgão decisor para a eficiente resolução do assunto.

ARTIGO 40º
Controlo da competência

1 – Antes de qualquer decisão, o órgão da Administração Pública deve certificar-se de que é competente para conhecer da questão.

2 – A incompetência deve ser suscitada oficiosamente pelo órgão e pode ser arguida pelos interessados.

ARTIGO 41º
Apresentação de requerimento a órgão incompetente

1 – Quando seja apresentado requerimento, petição, reclamação ou recurso a órgão incompetente, o documento recebido é enviado oficiosamente ao órgão titular da competência, disso se notificando o particular.

2 – Nos casos previstos nos números anteriores, vale a data da apresentação inicial do requerimento para efeitos da sua tempestividade.

ARTIGO 42º
Suplência

1 – Nos casos de ausência, falta ou impedimento do titular do órgão ou do agente, cabe ao suplente designado na lei, nos estatutos ou no regimento, agir no exercício da competência desse órgão ou agente.

2 – Na falta de designação, a suplência cabe ao inferior hierárquico imediato e, em caso de igualdade de posições, ao mais antigo.

3 – O exercício de funções em suplência abrange os poderes delegados ou subdelegados no órgão ou no agente.

ARTIGO 43º
Substituição

Nos casos em que a lei habilita um órgão a suceder, temporária ou pontualmente, no exercício da competência que normalmente pertence a outro órgão, o órgão substituto exerce como competência própria e exclusiva os poderes do órgão substituído, suspendendo-se a aplicação da norma atributiva da competência deste último.

CAPÍTULO IV
Da delegação de poderes

ARTIGO 44º
Delegação de poderes

1 – Os órgãos administrativos normalmente competentes para decidir em determinada matéria podem, sempre que para tal estejam habilitados por lei, permitir, através de um ato de delegação de poderes, que outro órgão ou agente da mesma pessoa coletiva ou outro órgão de diferente pessoa coletiva pratique atos administrativos sobre a mesma matéria.

2 – Para efeitos do disposto no número anterior, considera-se agente aquele que, a qualquer título, exerça funções públicas ao serviço da pessoa coletiva, em regime de subordinação jurídica.

3 – Mediante um ato de delegação de poderes, os órgãos competentes para decidir em determinada matéria podem sempre permitir que o seu imediato inferior hierárquico, adjunto ou substituto pratiquem atos de administração ordinária nessa matéria.

4 – O disposto no número anterior vale igualmente para a delegação de poderes dos órgãos colegiais nos respetivos presidentes, salvo havendo lei de habilitação específica que estabeleça uma particular repartição de competências entre os diversos órgãos.

5 – Os atos praticados ao abrigo de delegação ou subdelegação de poderes valem como se tivessem sido praticados pelo delegante ou subdelegante.

ARTIGO 45º
Poderes indelegáveis

Não podem ser objeto de delegação, designadamente:

a) A globalidade dos poderes do delegante;

b) Os poderes suscetíveis de serem exercidos sobre o próprio delegado;

c) Poderes a exercer pelo delegado fora do âmbito da respetiva competência territorial.

ARTIGO 46º
Subdelegação de poderes

1 – Salvo disposição legal em contrário, o delegante pode autorizar o delegado a subdelegar.

2 – O subdelegado pode subdelegar as competências que lhe tenham sido subdelegadas, salvo disposição legal em contrário ou reserva expressa do delegante ou subdelegante.

ARTIGO 47º
Requisitos do ato de delegação

1 – No ato de delegação ou subdelegação, deve o órgão delegante ou subdelegante especificar os poderes que são delegados ou subdelegados ou os atos que o delegado ou subdelegado pode praticar, bem como mencionar a norma atributiva do poder delegado e aquela que habilita o órgão a delegar.

2 – Os atos de delegação ou subdelegação de poderes estão sujeitos a publicação, nos termos do artigo 159º

ARTIGO 48º
Menção da qualidade de delegado ou subdelegado

1 – O órgão delegado ou subdelegado deve mencionar essa qualidade no uso da delegação ou subdelegação.

2 – A falta de menção da delegação ou subdelegação no ato praticado ao seu abrigo, ou a menção incorreta da sua existência e do seu conteúdo, não afeta a validade do ato, mas os interessados não podem ser prejudicados no exercício dos seus direitos pelo desconhecimento da existência da delegação ou subdelegação.

ARTIGO 49º
Poderes do delegante ou subdelegante

1 – O órgão delegante ou subdelegante pode emitir diretivas ou instruções vinculativas para o delegado ou subdelegado sobre o modo como devem ser exercidos os poderes delegados ou subdelegados.

2 – O órgão delegante ou subdelegante tem o poder de avocar, bem como o de anular, revogar ou substituir o ato praticado pelo delegado ou subdelegado ao abrigo da delegação ou subdelegação.

ARTIGO 50º
Extinção da delegação ou subdelegação

A delegação e a subdelegação de poderes extinguem-se:

a) Por anulação ou revogação do ato de delegação ou subdelegação;

b) Por caducidade, resultante de se terem esgotado os seus efeitos ou da mudança dos titulares dos órgãos delegante ou delegado, subdelegante ou subdelegado.

CAPÍTULO V
Dos conflitos de atribuições e de competência

ARTIGO 51º
Competência para a resolução de conflitos

1 – Os conflitos de atribuições são resolvidos:

a) Pelo tribunais administrativos, mediante processo de conflito entre órgãos administrativos, quando envolvam órgãos de pessoas coletivas diferentes ou no caso de conflitos entre autoridades administrativas independentes;

b) Pelo Primeiro-Ministro, quando envolvam órgãos de ministérios diferentes;

c) Pelo ministro, quando envolvam pessoas coletivas dotadas de autonomia, sujeitas ao seu poder de superintendência;

d) Pelo Presidente do Governo Regional, quando envolvam órgãos de secretarias regionais diferentes;

e) Pelo secretário regional, quando envolvam pessoas coletivas dotadas de autonomia sujeitas, ao seu poder de superintendência.

2 – Os conflitos de competência são resolvidos pelo órgão de menor categoria hierárquica que exerça poderes de supervisão sobre os órgãos envolvidos.

ARTIGO 52º
Resolução administrativa dos conflitos

1 – A resolução dos conflitos de atribuições entre ministérios ou entre secretarias regionais diferentes, bem como dos conflitos de competência, pode ser solicitada por qualquer interessado, mediante requerimento fundamentado dirigido à entidade competente para a decisão do procedimento, e deve ser oficiosamente suscitada pelos órgãos em conflito logo que dele tenham conhecimento.

2 – O órgão competente para a resolução deve ouvir os órgãos em conflito, se estes ainda se não tiverem pronunciado, e proferir a decisão no prazo de 30 dias.

PARTE III
Do procedimento administrativo

TÍTULO I
Regime comum

CAPÍTULO I
Disposições gerais

ARTIGO 53º
Iniciativa

O procedimento administrativo inicia-se oficiosamente ou a solicitação dos interessados.

ARTIGO 54º
Língua do procedimento

A língua do procedimento é a língua portuguesa.

ARTIGO 55º
Responsável pela direção do procedimento

1 – A direção do procedimento cabe ao órgão competente para a decisão final, sem prejuízo do disposto nos números seguintes.

2 – O órgão competente para a decisão final delega em inferior hierárquico seu, o poder de direção do procedimento, salvo disposição legal, regulamentar ou estatutária em contrário ou quando a isso obviarem as condições de serviço ou outras razões ponderosas, invocadas fundamentadamente no procedimento concreto ou em diretiva interna respeitante a certos procedimentos.

3 – O responsável pela direção do procedimento pode encarregar inferior hierárquico seu da realização de diligências instrutórias específicas.

4 – No órgão colegial, a delegação prevista no nº 2 é conferida a membro do órgão ou a agente dele dependente.

5 – A identidade do responsável pela direção do procedimento é notificada aos participantes e comunicada a quaisquer outras pessoas que, demonstrando interesse legítimo, requeiram essa informação.

ARTIGO 56º
Princípio da adequação procedimental

Na ausência de normas jurídicas injuntivas, o responsável pela direção do procedimento goza de discricionariedade na respetiva estruturação, que, no respeito pelos princípios gerais da atividade administrativa, deve ser orientada pelos interesses públicos da participação, da eficiência, da economicidade e da celeridade na preparação da decisão.

ARTIGO 57º
Acordos endoprocedimentais

1 – No âmbito da discricionariedade procedimental, o órgão competente para a decisão final e os interessados podem, por escrito, acordar termos do procedimento.

2 – Os acordos referidos no número anterior têm efeito vinculativo e o seu objeto pode, designadamente, consistir na organização de audiências orais para exercício do contraditório entre os interessados que pretendam uma certa decisão e aqueles que se lhe oponham.

3 – Durante o procedimento, o órgão competente para a decisão final e os interessados também podem celebrar contrato para determinar, no todo ou em parte, o conteúdo discricionário do ato administrativo a praticar no termo do procedimento.

ARTIGO 58º
Princípio do inquisitório

O responsável pela direção do procedimento e os outros órgãos que participem na instrução podem, mesmo que o procedimento seja instaurado por iniciativa dos interessados, proceder a quaisquer diligências que se revelem adequadas e necessárias à preparação de uma decisão legal e justa, ainda que respeitantes a matérias não mencionadas nos requerimentos ou nas respostas dos interessados.

ARTIGO 59º
Dever de celeridade

O responsável pela direção do procedimento e os outros órgãos intervenientes na respetiva tramitação devem providenciar por um andamento rápido e eficaz, quer recusando e evitando tudo o que for impertinente e dilatório, quer ordenando e promovendo tudo o que seja necessário a um seguimento diligente e à tomada de uma decisão legal e justa dentro de prazo razoável.

ARTIGO 60º
Cooperação e boa-fé procedimental

1 – Na sua participação no procedimento, os órgãos da Administração Pública e os interessados devem cooperar entre si, com vista à fixação rigorosa dos pressupostos de decisão e à obtenção de decisões legais e justas.

2 – Os interessados devem concorrer para a economia de meios na realização de diligências instrutórias e para a tomada da decisão num prazo razoável, abstendo-se de requerer diligências inúteis e de recorrer a expedientes dilatórios.

ARTIGO 61º
Utilização de meios eletrónicos

1 – Salvo disposição legal em contrário, na instrução dos procedimentos devem ser preferencialmente utilizados meios eletrónicos, tendo em vista:

a) Facilitar o exercício de direitos e o cumprimento de deveres através de sistemas que, de forma segura, fácil, célere e compreensível, sejam acessíveis a todos os interessados;

b) Tornar mais simples e rápido o acesso dos interessados ao procedimento e à informação;

c) Simplificar e reduzir a duração dos procedimentos, promovendo a rapidez das decisões, com as devidas garantias legais.

2 – Quando na instrução do procedimento se utilizem meios eletrónicos, as aplicações e sistemas informáticos utilizados devem indicar o responsável pela direção do procedimento e o órgão competente para a decisão, assim como garantir o controlo dos prazos, a tramitação ordenada e a simplificação e a publicidade do procedimento.

3 – Para efeitos do disposto do número anterior, os interessados têm direito:

a) A conhecer por meios eletrónicos o estado da tramitação dos procedimentos que lhes digam diretamente respeito;

b) A obter os instrumentos necessários à comunicação por via eletrónica com os serviços da Administração, designadamente nome de utilizador e palavra-passe para acesso a plataformas eletrónicas simples e, quando legalmente previsto, conta de correio eletrónico e assinatura digital certificada.

ARTIGO 62º
Balcão único eletrónico

1 – Sempre que um procedimento administrativo se possa iniciar e desenvolver através de um balcão eletrónico, este deve designadamente proporcionar:

a) Informação clara e acessível a qualquer interessado sobre os documentos necessários para a apresentação e instrução dos correspondentes pedidos e condições para a obtenção dos efeitos jurídicos pretendidos com o pedido;

b) Meios de consulta eletrónica do estado dos pedidos;

c) Meios de pagamento por via eletrónica das taxas devidas, quando seja caso disso;

d) Informação completa sobre a disciplina jurídica dos procedimentos administrativos que se podem realizar através do balcão eletrónico em causa;

e) Endereço e contacto da entidade administrativa com competência para a direção do procedimento administrativo em causa;

f) Informação sobre os meios de reação judiciais e extrajudiciais de resolução de eventuais litígios.

2 – Os balcões eletrónicos devem poder intermediar nos procedimentos a serem desenvolvidos entre os interessados e as autoridades administrativas competentes, recebendo os atos de uns e outros, mediante a entrega do correspondente recibo, e transmitindo-o imediatamente.

3 – O tempo que medeia entre a receção pelo balcão eletrónico dos documentos apresentados e a sua entrega ao destinatário é descontado nos prazos procedimentais em caso de justo impedimento, designadamente quando ocorra, de modo comprovado, uma interrupção técnica do funcionamento dos meios eletrónicos indispensáveis à transmissão, que não seja imputável ao órgão competente.

4 – Salvo o disposto em lei especial, os balcões eletrónicos asseguram a emissão automatizada de atos meramente certificativos e a notificação de decisões que incidam sobre os requerimentos formulados através daquele suporte eletrónico.

5 – Sem prejuízo do exercício imediato dos direitos ou interesses legalmente protegidos do interessado no procedimento, não são devidas taxas quando, sempre que tal esteja legalmente previsto, os respetivos valores ou fórmulas de cálculo não sejam introduzidos nas plataformas eletrónicas no âmbito das quais correm os procedimentos a que dizem respeito.

6 – As taxas referidas no número anterior são, porém, devidas sempre que:

a) A falta de introdução dos respetivos valores ou fórmulas de cálculo nas plataformas a que se refere o número anterior não seja imputável à entidade destinatária das taxas; e

b) No prazo de cinco dias contados do início do procedimento, sejam inseridos os respetivos valores ou fórmulas de cálculo nas plataformas e notificado o interessado para proceder ao seu pagamento.

ARTIGO 63º
Comunicações por telefax, telefone ou meios eletrónicos

1 – Salvo disposição legal em contrário, as comunicações da Administração com os interessados ao longo do procedimento só podem processar-se através de telefax, telefone ou correio eletrónico mediante seu prévio consentimento, prestado por escrito, devendo o interessado, na sua primeira intervenção no procedimento ou posteriormente, indicar, para o efeito, o seu número de telefax, telefone ou a identificação da caixa postal eletrónica de que é titular, nos termos previstos no serviço público de caixa postal eletrónica.

2 – Presume-se que o interessado consentiu na utilização de telefax, de telefone ou de meios eletrónicos de comunicação quando, apesar de não ter procedido à indicação constante do número anterior, tenha estabelecido contacto regular através daqueles meios.

3 – As comunicações da Administração com pessoas coletivas podem processar-se através de telefax, de telefone ou de meios eletrónicos, sem necessidade de consentimento, quando sejam efetuadas para plataformas informáticas com acesso restrito ou para os endereços de correio eletrónico

ou número de telefax ou de telefone indicados em qualquer documento por elas apresentado no procedimento administrativo.

ARTIGO 64º
Documentação das diligências e integridade do processo administrativo

1 – Das diligências realizadas oralmente são lavrados autos e termos, que devem conter a menção dos elementos essenciais e da data e lugar da realização da diligência a que respeitam.

2 – O processo administrativo em suporte de papel é autuado e paginado de modo a facilitar a inclusão dos documentos que nele são sucessivamente incorporados e a impedir o seu extravio.

3 – O órgão responsável pela direção do procedimento deve rubricar todas as folhas do processo administrativo e os interessados e seus mandatários têm o direito de rubricar quaisquer folhas do mesmo.

4 – O disposto nos números anteriores não é aplicável ao processo administrativo em suporte eletrónico, que é definido por diploma próprio.

CAPÍTULO II
Da relação jurídica procedimental

SECÇÃO I
Dos sujeitos do procedimento

ARTIGO 65º
Sujeitos da relação jurídica procedimental

1 – São sujeitos da relação jurídica procedimental:

a) Os órgãos das entidades referidas no nº 1 do artigo 2º, quando competentes para a tomada de decisões ou para a prática de atos preparatórios;

b) Os particulares legitimados nos termos do nº 1 do artigo 68º;

c) Pessoas singulares e coletivas de direito privado, em defesa de interesses difusos, segundo o disposto nos nºs 2 e 3 do artigo 68º;

d) Os órgãos que exerçam funções administrativas, nas condições previstas no nº 4 do artigo 68º

2 – Para efeitos do disposto no presente Código, consideram-se interessados no procedimento os sujeitos da relação jurídica procedimental referidos

nas alíneas *b*), *c*) e *d*) do número anterior que como tal nele se constituam, ao abrigo de um dos títulos de legitimação previstos no artigo 68º

ARTIGO 66º
Auxílio administrativo

1 – Para além dos casos em que a lei imponha a intervenção de outros órgãos no procedimento, o órgão competente para a decisão final deve, por iniciativa própria, por proposta do responsável pela direção do procedimento ou a requerimento de um sujeito privado da relação jurídica procedimental, solicitar o auxílio de quaisquer outros órgãos da Administração Pública, indicando um prazo útil, quando:

a) O melhor conhecimento da matéria relevante exija uma investigação para a qual o órgão a quem é dirigida a solicitação disponha de competência exclusiva ou de conhecimentos aprofundados aos quais o órgão solicitante não tenha acesso;
b) Só o órgão a quem é dirigida a solicitação tenha em seu poder documentos ou dados cujo conhecimento seja necessário à preparação da decisão;
c) A instrução requeira a intervenção de pessoal ou o emprego de meios técnicos de que o órgão competente para a decisão final não disponha.

2 – À comunicação de documentos ou dados solicitados nos termos do número anterior aplicam-se as restrições fixadas na legislação sobre o acesso aos documentos administrativos.

3 – Em caso de recusa de auxílio administrativo requerido nos termos do nº 1, ou de dilação na sua prestação, a questão é resolvida, consoante o caso, pela autoridade competente para a resolução de conflitos de atribuições ou de competência entre os órgãos solicitante e solicitado ou, não a havendo, por órgão que exerça poderes de direção, superintendência ou tutela sobre o órgão solicitado.

SECÇÃO II
Dos interessados no procedimento

ARTIGO 67º
Capacidade procedimental dos particulares

1 – Os particulares têm o direito de intervir pessoalmente no procedimento administrativo ou de nele se fazer representar ou assistir através de mandatário.

2 – A capacidade de intervenção no procedimento, salvo disposição especial, tem por base e por medida a capacidade de exercício de direitos segundo a lei civil, a qual é também aplicável ao suprimento da incapacidade.

ARTIGO 68º
Legitimidade procedimental

1 – Têm legitimidade para iniciar o procedimento ou para nele se constituírem como interessados os titulares de direitos, interesses legalmente protegidos, deveres, encargos, ónus ou sujeições no âmbito das decisões que nele forem ou possam ser tomadas, bem como as associações, para defender interesses coletivos ou proceder à defesa coletiva de interesses individuais dos seus associados que caibam no âmbito dos respetivos fins.

2 – Têm, também, legitimidade para a proteção de interesses difusos perante ações ou omissões da Administração passíveis de causar prejuízos relevantes não individualizados em bens fundamentais como a saúde pública, a habitação, a educação, o ambiente, o ordenamento do território, o urbanismo, a qualidade de vida, o consumo de bens e serviços e o património cultural:

a) Os cidadãos no gozo dos seus direitos civis e políticos e os demais eleitores recenseados no território português;

b) As associações e fundações representativas de tais interesses;

c) As autarquias locais, em relação à proteção de tais interesses nas áreas das respetivas circunscrições.

3 – Têm, ainda, legitimidade para assegurar a defesa de bens do Estado, das regiões autónomas e de autarquias locais afetados por ação ou omissão da Administração, os residentes na circunscrição em que se localize ou tenha localizado o bem defendido.

4 – Têm igualmente legitimidade os órgãos que exerçam funções administrativas quando as pessoas coletivas nas quais eles se integram sejam titulares de direitos ou interesses legalmente protegidos, poderes, deveres ou sujeições que possam ser conformados pelas decisões que nesse âmbito forem ou possam ser tomadas, ou quando lhes caiba defender interesses difusos que possam ser beneficiados ou afetados por tais decisões.

SECÇÃO III
Das garantias de imparcialidade

ARTIGO 69º
Casos de impedimento

1 – Salvo o disposto no nº 2, os titulares de órgãos da Administração Pública e os respetivos agentes, bem como quaisquer outras entidades que, independentemente da sua natureza, se encontrem no exercício de poderes públicos, não podem intervir em procedimento administrativo ou em ato ou contrato de direito público ou privado da Administração Pública, nos seguintes casos:

a) Quando nele tenham interesse, por si, como representantes ou como gestores de negócios de outra pessoa;

b) Quando, por si ou como representantes ou gestores de negócios de outra pessoa, nele tenham interesse o seu cônjuge ou pessoa com quem viva em condições análogas às dos cônjuges, algum parente ou afim em linha reta ou até ao segundo grau da linha colateral, bem como qualquer pessoa com quem vivam em economia comum ou com a qual tenham uma relação de adoção, tutela ou apadrinhamento civil;

c) Quando, por si ou como representantes ou gestores de negócios de outra pessoa, tenham interesse em questão semelhante à que deva ser decidida, ou quando tal situação se verifique em relação a pessoa abrangida pela alínea anterior;

d) Quanto tenham intervindo no procedimento como perito ou mandatário ou hajam dado parecer sobre questão a resolver;

e) Quando tenha intervindo no procedimento como perito ou mandatário o seu cônjuge ou pessoa com quem viva em condições análogas às dos cônjuges, parente ou afim em linha reta ou até ao segundo grau da linha colateral, bem como qualquer pessoa com quem vivam em economia comum ou com a qual tenham uma relação de adoção, tutela ou apadrinhamento civil;

f) Quando se trate de recurso de decisão proferida por si, ou com a sua intervenção, ou proferida por qualquer das pessoas referidas na alínea *b)* ou com intervenção destas.

2 – Excluem-se do disposto no número anterior:

a) As intervenções que se traduzam em atos de mero expediente, designadamente atos certificativos;

b) A emissão de parecer, na qualidade de membro do órgão colegial competente para a decisão final, quando tal formalidade seja requerida pelas normas aplicáveis;

c) A pronúncia do autor do ato recorrido, nos termos do nº 2 do artigo 195º

3 – Sob pena das sanções cominadas pelos nºs 1 e 3 do artigo 76º, não pode haver lugar, no âmbito do procedimento administrativo, à prestação de serviços de consultoria, ou outros, a favor do responsável pela respetiva direção ou de quaisquer sujeitos públicos da relação jurídica procedimental, por parte de entidades relativamente às quais se verifique qualquer das situações previstas no nº 1, ou que hajam prestado serviços, há menos de três anos, a qualquer dos sujeitos privados participantes na relação jurídica procedimental.

4 – As entidades prestadoras de serviços no âmbito de um procedimento devem juntar uma declaração de que se não encontram abrangidas pela previsão do número anterior.

5 – Sempre que a situação de incompatibilidade prevista no nº 3 ocorrer já após o início do procedimento, deve a entidade prestadora de serviços comunicar desde logo o facto ao responsável pela direção do procedimento e cessar toda a sua atividade relacionada com o mesmo.

ARTIGO 70º
Arguição e declaração do impedimento

1 – Quando se verifique causa de impedimento em relação a qualquer titular de órgão ou agente da Administração Pública, deve o mesmo comunicar desde logo o facto ao respetivo superior hierárquico ou ao presidente do órgão colegial, consoante os casos.

2 – Quando a causa de impedimento incidir sobre outras entidades que, sem a natureza daquelas a quem se refere o nº 1, se encontrem no exercício de poderes públicos, devem as mesmas comunicar desde logo o facto a quem tenha o poder de proceder à respetiva substituição.

3 – Até ser proferida a decisão definitiva ou praticado o ato, qualquer interessado pode requerer a declaração do impedimento, especificando as circunstâncias de facto que constituam a sua causa.

4 – Compete ao superior hierárquico ou ao presidente do órgão colegial conhecer da existência do impedimento e declará-lo, ouvindo, se considerar necessário, o titular do órgão ou agente.

5 – Tratando-se do impedimento do presidente do órgão colegial, a decisão do incidente compete ao próprio órgão, sem intervenção do presidente.

6 – O disposto nos nºs 3 a 5 aplica-se, com as necessárias adaptações, às situações referidas no nº 2.

ARTIGO 71º
Efeitos da arguição do impedimento

1 – O titular do órgão ou agente ou outra qualquer entidade no exercício de poderes públicos devem suspender a sua atividade no procedimento, logo que façam a comunicação a que se refere o nº 1 do artigo anterior ou tenham conhecimento do requerimento a que se refere o nº 3 do mesmo preceito, até à decisão do incidente, salvo determinação em contrário de quem tenha o poder de proceder à respetiva substituição.

2 – Os impedidos nos termos do artigo 69º devem tomar todas as medidas que forem inadiáveis em caso de urgência ou de perigo, as quais carecem, todavia, de ratificação pela entidade que os substituir.

ARTIGO 72º
Efeitos da declaração do impedimento

1 – Declarado o impedimento, é o impedido imediatamente substituído no procedimento pelo respetivo suplente, salvo se houver avocação pelo órgão competente para o efeito.

2 – Tratando-se de órgão colegial, se não houver ou não puder ser designado suplente, o órgão funciona sem o membro impedido.

ARTIGO 73º
Fundamento da escusa e suspeição

1 – Os titulares de órgãos da Administração Pública e respetivos agentes, bem como quaisquer outras entidades que, independentemente da sua natureza, se encontrem no exercício de poderes públicos devem pedir dispensa de intervir no procedimento ou em ato ou contrato de direito público ou privado da Administração Pública quando ocorra circunstância pela qual

se possa com razoabilidade duvidar seriamente da imparcialidade da sua conduta ou decisão e, designadamente:

a) Quando, por si ou como representante ou gestor de negócios de outra pessoa, nele tenha interesse parente ou afim em linha reta ou até ao terceiro grau da linha colateral, ou tutelado ou curatelado dele, do seu cônjuge ou de pessoa com quem viva em condições análogas às dos cônjuges;

b) Quando o titular do órgão ou agente, o seu cônjuge ou pessoa com quem viva em condições análogas às dos cônjuges, ou algum parente ou afim na linha reta, for credor ou devedor de pessoa singular ou coletiva com interesse direto no procedimento, ato ou contrato;

c) Quando tenha havido lugar ao recebimento de dádivas, antes ou depois de instaurado o procedimento, pelo titular do órgão ou agente, seu cônjuge ou pessoa com quem viva em condições análogas às dos cônjuges, parente ou afim na linha reta;

d) Se houver inimizade grave ou grande intimidade entre o titular do órgão ou agente, ou o seu cônjuge ou pessoa com quem viva em condições análogas às dos cônjuges, e a pessoa com interesse direto no procedimento, ato ou contrato;

e) Quando penda em juízo ação em que sejam parte o titular do órgão ou agente, o seu cônjuge ou pessoa com quem viva em condições análogas às dos cônjuges, parente em linha reta ou pessoa com quem viva em economia comum, de um lado, e, do outro, o interessado, o seu cônjuge ou pessoa com quem viva em condições análogas às dos cônjuges, parente em linha reta ou pessoa com quem viva em economia comum.

2 – Com fundamento semelhante, pode qualquer interessado na relação jurídica procedimental deduzir suspeição quanto a titulares de órgãos da Administração Pública, respetivos agentes ou outras entidades no exercício de poderes públicos que intervenham no procedimento, ato ou contrato.

ARTIGO 74º
Formulação do pedido

1 – Nos casos previstos no artigo anterior, o pedido deve ser dirigido à entidade competente para dele conhecer, indicando com precisão os factos que o justifiquem.

2 – O pedido do titular do órgão ou agente só é formulado por escrito quando assim for determinado pela entidade a quem for dirigido.

3 – Quando o pedido seja formulado por interessado na relação jurídica procedimental, é sempre ouvido o titular do órgão ou o agente visado.

4 – Os pedidos devem ser formulados logo que haja conhecimento da circunstância que determina a escusa ou a suspeição.

ARTIGO 75º
Decisão sobre a escusa ou suspeição

1 – A competência para decidir da escusa ou suspeição é deferida nos termos referidos nos nºs 4 a 6 do artigo 70º

2 – A decisão deve ser proferida no prazo de oito dias.

3 – Sendo reconhecida procedência ao pedido, é observado o disposto nos artigos 71º e 72º

ARTIGO 76º
Sanções

1 – São anuláveis nos termos gerais os atos ou contratos em que tenham intervindo titulares de órgãos ou agentes impedidos ou em cuja preparação tenha ocorrido prestação de serviços à Administração Pública em violação do disposto nos nºs 3 a 5 do artigo 69º

2 – A omissão do dever de comunicação a que alude o nº 1 do artigo 70º constitui falta grave para efeitos disciplinares.

3 – A prestação de serviços em violação do disposto nos nºs 3 a 5 do artigo 69º constitui o prestador no dever de indemnizar a Administração Pública e terceiros de boa-fé pelos danos resultantes da anulação do ato ou contrato.

4 – A falta ou decisão negativa sobre a dedução da suspeição não prejudica a invocação da anulabilidade dos atos praticados ou dos contratos celebrados, quando do conjunto das circunstâncias do caso concreto resulte a razoabilidade de dúvida séria sobre a imparcialidade da atuação do órgão, revelada na direção do procedimento, na prática de atos preparatórios relevantes para o sentido da decisão ou na própria tomada na decisão.

CAPÍTULO III
Da conferência procedimental

ARTIGO 77º
Conceito e modalidades

1 – As conferências procedimentais destinam-se ao exercício em comum ou conjugado das competências de diversos órgãos da Administração Pública, no sentido de promover a eficiência, a economicidade e a celeridade da atividade administrativa.

2 – As conferências procedimentais podem dizer respeito a um único procedimento ou a vários procedimentos conexos, e dirigir-se à tomada de uma única decisão ou de várias decisões conjugadas.

3 – As conferências procedimentais relativas a vários procedimentos conexos ou a um único procedimento complexo, em que há lugar à tomada de diferentes decisões por diferentes órgãos, podem assumir uma das seguintes modalidades:

a) Conferência deliberativa, destinada ao exercício conjunto das competências decisórias dos órgãos participantes através de um único ato de conteúdo complexo, que substitui a prática, por cada um deles, de atos administrativos autónomos;

b) Conferência de coordenação, destinada ao exercício individualizado, mas simultâneo, das competências dos órgãos participantes, através da prática, por cada um deles, de atos administrativos autónomos.

4 – Quando não exista incompatibilidade entre a forma contratual e a matéria a conformar, as conferências deliberativa e de coordenação podem terminar pela celebração de um contrato entre os órgãos participantes e o interessado, em substituição do ato ou dos atos cuja preparação se visava.

5 – As conferências procedimentais relativas a um único procedimento podem envolver apenas o órgão competente para a decisão final ou para uma decisão intercalar e órgãos titulares de competências consultivas, sendo, nesse caso, aplicável o disposto no nº 7 do artigo 79º

ARTIGO 78º
Instituição das conferências procedimentais

1 – Sem prejuízo da realização de conferências de coordenação por acordo entre os órgãos envolvidos, a possibilidade da realização de conferências pro-

cedimentais no âmbito de cada tipo de procedimento depende de previsão específica em lei ou regulamento, ou em contrato interadministrativo a celebrar entre entidades públicas autónomas.

2 – No âmbito da administração direta e indireta do Estado, a instituição da possibilidade da realização de conferências procedimentais pode ser feita por portaria dos ministros competentes para a direção e tutela dos organismos envolvidos ou para a resolução dos conflitos de atribuições ou competências entre os órgãos em causa.

3 – O ato que institui a possibilidade da realização de conferências procedimentais no âmbito de cada tipo de procedimento:

a) Determina o órgão competente para convocar e presidir às conferências;

b) Vincula os demais órgãos participantes à observância dos deveres que lhes são impostos no presente capítulo;

c) Habilita os órgãos participantes a delegar em membros seus, no caso de órgãos colegiais, ou em agentes deles dependentes os poderes necessários ao funcionamento das conferências procedimentais, segundo o disposto no presente capítulo;

d) Confere aos órgãos participantes em conferência deliberativa a competência conjunta para deliberarem através de um único ato de conteúdo complexo, a que corresponderia a prática isolada de atos administrativos por cada um deles.

ARTIGO 79º
Realização da conferência procedimental

1 – Cada conferência procedimental é convocada relativamente a uma situação concreta, por iniciativa própria do órgão competente nos termos do ato instituidor previsto no artigo anterior, ou quando requerida por um ou mais interessados.

2 – O requerimento dos interessados constitui o órgão competente no dever de convocar a conferência no prazo de 15 dias.

3 – A convocatória da primeira reunião da conferência deve ser feita com a antecedência mínima de cinco dias em relação à data da reunião, podendo os órgãos participantes, em caso de impossibilidade fundamentada, propor um adiamento não superior a 10 dias.

4 – Sem prejuízo do disposto nos números seguintes, as reuniões da conferência podem ter lugar presencialmente ou por videoconferência.

5 – Cada um dos órgãos convocados tem o dever de participar na conferência, delegando, para o efeito, num dos seus membros, no caso de órgãos colegiais, ou em agentes dele dependentes os poderes necessários para nela assumir, de modo definitivo, a posição do órgão sobre a matéria da deliberação a adotar, ou para tomar ele próprio a decisão correspondente à competência do órgão, no âmbito das conferências de coordenação.

6 – A ausência de um órgão regularmente convocado não obsta ao funcionamento da conferência, considerando-se que os órgãos que tenham faltado à conferência procedimental deliberativa nada têm a opor ao deferimento do pedido, salvo se invocarem justo impedimento no prazo de oito dias.

7 – Quando na conferência procedimental participem órgãos titulares de competência consultiva, estes exprimem o sentido da sua decisão de forma oral, juntando o parecer escrito no prazo de oito dias, para ser anexado à ata.

8 – O interessado pode ser convocado para estar presente nas reuniões, sem direito de voto, quando tal se revele necessário a uma boa decisão.

ARTIGO 80º
Audiência dos interessados e audiência pública

1 – Na conferência procedimental, o direito de audiência dos interessados é exercido oralmente, em sessão na qual estejam presentes todos os órgãos participantes, e, no caso da conferência de coordenação, em simultâneo quanto às várias decisões a adotar, podendo os interessados apresentar alegações escritas, as quais devem constar como anexo da ata da sessão.

2 – Para o efeito do disposto do número anterior, os interessados são convocados nos termos do disposto no artigo 122º

3 – Nos procedimentos em que seja obrigatória a audiência pública, a realização desta na pendência da conferência procedimental suspende o prazo para a conclusão da mesma.

ARTIGO 81º
Conclusão da conferência procedimental

1 – O prazo para a realização da conferência procedimental é de 60 dias, prorrogável por mais 30 dias, e, no seu decurso, suspendem-se os prazos para a conclusão dos procedimentos nos quais deveriam ser praticados os vários atos envolvidos.

2 – A conferência procedimental finda:

a) Com a prática do ato ou dos atos que visa preparar;

b) No termo do prazo, sem que o ato ou os atos que visa preparar tenham sido praticados.

3 – No termo da conferência procedimental, o órgão que a ela presidiu elabora uma ata, na qual são registados os sucessivos passos da conferência e, quando for o caso, o ato ou atos decisórios nela praticados, com a respetiva fundamentação, e os restantes atos nela autonomamente praticados por cada órgão participante.

4 – Em caso de falta de acordo, os órgãos participantes emitem uma declaração para constar da ata, na qual especificam as razões da sua discordância e, sempre que possível, as alterações que consideram necessárias à viabilização do projeto, atividade, regulação de um bem ou situação que constitua o objeto da conferência.

5 – A pronúncia desfavorável de qualquer dos participantes na conferência deliberativa determina o indeferimento das pretensões apreciadas na conferência, salvo se os órgãos acordarem nas alterações necessárias ao respetivo deferimento e na possibilidade da repetição da conferência, caso essas alterações sejam concretizadas pelo interessado.

6 – O disposto no número anterior não impede os órgãos participantes na conferência, que não tenham apresentado objeções quanto à matéria da sua competência, de praticarem individualmente o ato administrativo que lhes compete, no prazo de oito dias, a contar do termo da conferência.

7 – Sem prejuízo do disposto na segunda parte do nº 5, a conferência finda nos termos da alínea *b)* do nº 2 pode ser repetida em casos excecionais, devidamente justificados, quando todos os órgãos envolvidos nisso, previamente, acordem.

8 – Em caso de repetição da conferência, são aproveitados os atos praticados no decurso da primeira cuja atualidade se mantenha.

CAPÍTULO IV
Do direito à informação

ARTIGO 82º
Direito dos interessados à informação

1 – Os interessados têm o direito de ser informados pelo responsável pela direção do procedimento, sempre que o requeiram, sobre o andamento dos

procedimentos que lhes digam diretamente respeito, bem como o direito de conhecer as resoluções definitivas que sobre eles forem tomadas.

2 – As informações a prestar abrangem a indicação do serviço onde o procedimento se encontra, os atos e diligências praticados, as deficiências a suprir pelos interessados, as decisões adotadas e quaisquer outros elementos solicitados.

3 – As informações solicitadas ao abrigo do presente artigo são fornecidas no prazo máximo de 10 dias.

4 – Nos procedimentos eletrónicos, a Administração deve colocar à disposição dos interessados, na Internet, um serviço de acesso restrito, no qual aqueles possam, mediante prévia identificação, obter por via eletrónica a informação sobre o estado de tramitação do procedimento.

5 – Salvo disposição legal em contrário, a informação eletrónica sobre o andamento dos procedimentos abrange os elementos mencionados no nº 2.

ARTIGO 83º
Consulta do processo e passagem de certidões

1 – Os interessados têm o direito de consultar o processo que não contenha documentos classificados ou que revelem segredo comercial ou industrial ou segredo relativo à propriedade literária, artística ou científica.

2 – O direito referido no número anterior abrange os documentos relativos a terceiros, sem prejuízo da proteção dos dados pessoais nos termos da lei.

3 – Os interessados têm o direito, mediante o pagamento das importâncias que forem devidas, de obter certidão, reprodução ou declaração autenticada dos documentos que constem dos processos a que tenham acesso.

ARTIGO 84º
Certidões independentes de despacho

1 – Os serviços competentes são obrigados a passar aos interessados, independentemente de despacho e no prazo máximo de 10 dias, a contar da apresentação do requerimento, certidão, reprodução ou declaração autenticada de documentos de que constem, consoante o pedido, todos ou alguns dos seguintes elementos:

a) Data de apresentação de requerimentos, petições, reclamações, recursos ou documentos semelhantes;

b) Conteúdo dos documentos referidos na alínea anterior ou pretensão nestes formulada;

c) Andamento que tiveram ou situação em que se encontram os documentos a que se refere o nº 1;

d) Resolução tomada ou falta de resolução.

2 – O dever estabelecido no número anterior não abrange os documentos classificados ou que revelem segredo comercial ou industrial ou segredo relativo à propriedade literária, artística ou científica.

3 – Quando os elementos constem de procedimentos informatizados, as certidões, reproduções ou declarações previstas no nº 1 são passadas, com a devida autenticação, no prazo máximo de três dias, por via eletrónica ou mediante impressão nos serviços da Administração.

ARTIGO 85º
Extensão do direito à informação

1 – Os direitos reconhecidos nos artigos 82º a 84º são extensivos a quaisquer pessoas que provem ter interesse legítimo no conhecimento dos elementos que pretendam.

2 – O exercício dos direitos previstos no número anterior depende de despacho do dirigente do serviço, exarado em requerimento escrito, instruído com os documentos probatórios do interesse legítimo invocado.

CAPÍTULO V
Dos prazos

ARTIGO 86º
Prazo geral

1 – Exceto quanto ao prazo de decisão do procedimento e na falta de disposição especial ou de fixação pela Administração, o prazo para os atos a praticar pelos órgãos administrativos é de 10 dias.

2 – É igualmente de 10 dias o prazo para os interessados requererem ou praticarem quaisquer atos, promoverem diligências, responderem sobre os assuntos acerca dos quais se devam pronunciar ou exercerem outros poderes no procedimento.

ARTIGO 87º
Contagem dos prazos

À contagem dos prazos são aplicáveis as seguintes regras:

a) O prazo começa a correr independentemente de quaisquer formalidades;

b) Não se inclui na contagem o dia em que ocorra o evento a partir do qual o prazo começa a correr;

c) O prazo fixado suspende-se nos sábados, domingos e feriados;

d) Na contagem dos prazos legalmente fixados em mais de seis meses, incluem-se os sábados, domingos e feriados;

e) É havido como prazo de um ou dois dias o designado, respetivamente, por 24 ou 48 horas;

f) O termo do prazo que coincida com dia em que o serviço perante o qual deva ser praticado o ato não esteja aberto ao público, ou não funcione durante o período normal, transfere-se para o primeiro dia útil seguinte;

g) Considera-se que o serviço não está aberto ao público quando for concedida tolerância de ponto, total ou parcial.

ARTIGO 88º
Dilação

1 – Quando os interessados residam ou se encontrem fora do continente e neste se localize o serviço por onde o procedimento corra, os prazos fixados na lei, se não atenderem já a essa circunstância, só se iniciam depois de decorridos:

a) Cinco dias, se os interessados residirem ou se encontrarem no território das regiões autónomas;

b) 15 dias, se os interessados residirem ou se encontrarem em país estrangeiro europeu;

c) 30 dias, se a notificação tiver sido efetuada por edital ou se os interessados residirem em país estrangeiro fora da Europa.

2 – A dilação prevista na alínea *a)* do número anterior é igualmente aplicável se o procedimento correr em serviço localizado numa Região Autónoma e os interessados residirem ou se encontrarem noutra ilha da mesma Região Autónoma, na outra Região Autónoma ou no continente.

3 – As dilações previstas nas alíneas *b)* e *c)* do nº 1 são também aplicáveis aos procedimentos que corram em serviços localizados nas regiões autónomas.

4 – Sem prejuízo do disposto nos números anteriores, sempre que a notificação não se encontre traduzida na língua do interessado estrangeiro ou numa outra língua que este possa entender sem constrangimentos excessivos, há lugar a uma dilação de 30 dias.

5 – As dilações previstas no presente artigo não se aplicam quando os atos e formalidades em causa sejam praticados através de meios eletrónicos.

CAPÍTULO VI
Das medidas provisórias

ARTIGO 89º
Admissibilidade de medidas provisórias

1 – Em qualquer fase do procedimento, pode o órgão competente para a decisão final, oficiosamente ou a requerimento dos interessados, ordenar as medidas provisórias que se mostrem necessárias, se houver justo receio de, sem tais medidas, se constituir uma situação de facto consumado ou se produzirem prejuízos de difícil reparação para os interesses públicos ou privados em presença, e desde que, uma vez ponderados esses interesses, os danos que resultariam da medida se não mostrem superiores aos que se pretendam evitar com a respetiva adoção.

2 – A decisão de ordenar ou alterar qualquer medida provisória não carece de audiência prévia, deve ser fundamentada e fixar prazo para a sua vigência.

3 – A revogação das medidas provisórias deve ser fundamentada.

4 – Os atos administrativos que ordenem medidas provisórias são passíveis de impugnação junto dos tribunais administrativos.

ARTIGO 90º
Caducidade das medidas provisórias

Salvo disposição especial, as medidas provisórias caducam quando:

a) Seja proferida decisão definitiva no procedimento;
b) Expire o prazo que lhes tenha sido fixado ou a respetiva prorrogação;

c) Expire o prazo fixado na lei para a decisão final;

d) A decisão final não seja proferida dentro dos 180 dias seguintes à instauração do procedimento.

CAPÍTULO VII
Dos pareceres

ARTIGO 91º
Espécies de pareceres

1 – Os pareceres são obrigatórios ou facultativos, consoante sejam ou não exigidos por lei, e são vinculativos ou não vinculativos, conforme as respetivas conclusões tenham ou não de ser seguidas pelo órgão competente para a decisão.

2 – Salvo disposição expressa em contrário, os pareceres legalmente previstos consideram-se obrigatórios e não vinculativos.

ARTIGO 92º
Forma e prazos dos pareceres

1 – Os pareceres devem ser sempre fundamentados e concluir de modo expresso e claro sobre todas as questões indicadas na consulta.

2 – O responsável pela direção do procedimento deve solicitar, sempre que possível em simultâneo, aos órgãos competentes a emissão dos pareceres a que haja lugar logo que, perante a marcha do procedimento, estejam reunidos os pressupostos para tanto.

3 – Na falta de disposição especial, os pareceres são emitidos no prazo de 30 dias, exceto quando o responsável pela direção do procedimento fixar, fundamentadamente, prazo diferente.

4 – O prazo diferente previsto no número anterior não deve ser inferior a 15 dias nem superior a 45 dias.

5 – Quando um parecer obrigatório não for emitido dentro dos prazos previstos no número anterior, pode o procedimento prosseguir e vir a ser decidido sem o parecer, salvo disposição legal expressa em contrário.

6 – No caso de o parecer obrigatório ser vinculativo, a decisão final só pode ser proferida sem a prévia emissão daquele desde que o responsável pela direção do procedimento tenha interpelado, no prazo de 10 dias, o órgão compe-

tente para o emitir, sem que este o tenha feito no prazo de 20 dias a contar dessa interpelação.

CAPÍTULO VIII
Da extinção do procedimento

ARTIGO 93º
Causas de extinção

O procedimento extingue-se pela tomada da decisão final ou por qualquer dos outros factos previstos no presente Código.

ARTIGO 94º
Decisão final

1 – Na decisão final, o órgão competente deve resolver todas as questões pertinentes suscitadas durante o procedimento e que não hajam sido decididas em momento anterior.

2 – À decisão final proferida através de meios eletrónicos deve ser aposta assinatura eletrónica ou outro meio idóneo de autenticação do titular do órgão competente, nos termos de legislação própria, o qual deve ser devidamente identificado.

ARTIGO 95º
Impossibilidade ou inutilidade superveniente

1 – O procedimento é declarado extinto quando o órgão competente para a decisão verifique que a finalidade a que ele se destinava ou o objeto da decisão se tornaram impossíveis ou inúteis.

2 – A declaração da extinção a que se refere o número anterior é sempre fundamentada, podendo ser impugnada nos termos gerais.

TÍTULO II
Procedimento do regulamento e do ato administrativo

ARTIGO 96º
Objeto

Além do disposto no título anterior, o procedimento do regulamento e do ato administrativo regem-se, respetivamente, pelos capítulos I e II do presente título.

CAPÍTULO I
Procedimento do regulamento administrativo

ARTIGO 97º
Petições

1 – Os interessados podem apresentar aos órgãos competentes petições em que solicitem a elaboração, modificação ou revogação de regulamentos, as quais devem ser fundamentadas, sem o que a Administração não toma conhecimento delas.

2 – O órgão com competência regulamentar deve informar os interessados do destino dado às petições formuladas ao abrigo do nº 1, bem como dos fundamentos da posição que tome em relação a elas.

ARTIGO 98º
Publicitação do início do procedimento e participação procedimental

1 – O início do procedimento é publicitado na Internet, no sítio institucional da entidade pública, com a indicação do órgão que decidiu desencadear o procedimento, da data em que o mesmo se iniciou, do seu objeto e da forma como se pode processar a constituição como interessados e a apresentação de contributos para a elaboração do regulamento.

2 – Quando as circunstâncias o justifiquem, podem ser estabelecidos os termos de acompanhamento regular do procedimento por acordo endoprocedimental com as associações e fundações representativas dos interesses envolvidos e com as autarquias locais em relação à proteção de interesses nas áreas das respetivas circunscrições.

ARTIGO 99º
Projeto de regulamento

Os regulamentos são aprovados com base num projeto, acompanhado de uma nota justificativa fundamentada, que deve incluir uma ponderação dos custos e benefícios das medidas projetadas.

ARTIGO 100º
Audiência dos interessados

1 – Tratando-se de regulamento que contenha disposições que afetem de modo direto e imediato direitos ou interesses legalmente protegidos dos

cidadãos, o responsável pela direção do procedimento submete o projeto de regulamento por prazo razoável, mas não inferior a 30 dias, a audiência dos interessados que como tal se tenham constituído no procedimento.

2 – A audiência dos interessados pode ser escrita ou oral e processa-se, salvo quanto aos prazos, nos termos dos artigos 122º e 123º

3 – O responsável pela direção do procedimento pode não proceder à audiência quando:

a) A emissão do regulamento seja urgente;

b) Seja razoavelmente de prever que a diligência possa comprometer a execução ou a utilidade do regulamento;

c) O número de interessados seja de tal forma elevado que a audiência se torne incompatível, devendo nesse caso proceder-se a consulta pública;

d) Os interessados já se tenham pronunciado no procedimento sobre as questões que importam à decisão.

4 – Nas situações previstas no número anterior, a decisão final deve indicar os fundamentos da não realização da audiência.

5 – A realização da audiência suspende a contagem dos prazos do procedimento administrativo.

ARTIGO 101º
Consulta pública

1 – No caso previsto na alínea *c)* do nº 3 do artigo anterior ou quando a natureza da matéria o justifique, o órgão competente deve submeter o projeto de regulamento a consulta pública, para recolha de sugestões, procedendo, para o efeito, à sua publicação na 2.ª série do *Diário da República* ou na publicação oficial da entidade pública, e na Internet, no sítio institucional da entidade em causa, com a visibilidade adequada à sua compreensão.

2 – Os interessados devem dirigir, por escrito, as suas sugestões ao órgão com competência regulamentar, no prazo de 30 dias, a contar da data da publicação do projeto de regulamento.

3 – No preâmbulo do regulamento, é feita menção de que o respetivo projeto foi objeto de consulta pública, quando tenha sido o caso.

CAPÍTULO II
Procedimento ao ato administrativo

SECÇÃO I
Da iniciativa particular

ARTIGO 102º
Requerimento inicial

1 – O requerimento inicial dos interessados, salvo nos casos em que a lei admite o pedido verbal, deve ser formulado por escrito e conter:

a) A designação do órgão administrativo a que se dirige;

b) A identificação do requerente, pela indicação do nome, domicílio, bem como, se possível, dos números de identificação civil e identificação fiscal;

c) A exposição dos factos em que se baseia o pedido e, quando tal seja possível ao requerente, os respetivos fundamentos de direito;

d) A indicação do pedido, em termos claros e precisos;

e) A data e a assinatura do requerente, ou de outrem a seu rogo, se o mesmo não souber ou não puder assinar;

f) A indicação do domicílio escolhido para nele ser notificado;

g) A indicação do número de telefax ou telefone ou a identificação da sua caixa postal eletrónica, para os efeitos previstos no nº 1 do artigo 63º

2 – Podem ser formulados num único requerimento vários pedidos, desde que entre eles exista conexão.

3 – Salvo disposição em contrário, podem ser formuladas num único requerimento as pretensões correspondentes a uma pluralidade de pessoas que tenham conteúdo e fundamento idênticos ou substancialmente similares.

ARTIGO 103º
Local de apresentação dos requerimentos

1 – Os requerimentos devem ser apresentados nos serviços dos órgãos aos quais são dirigidos, salvo o disposto nos números seguintes.

2 – Os requerimentos dirigidos aos órgãos centrais podem ser apresentados nos serviços locais desconcentrados do mesmo ministério ou organismo, quando os interessados residam na área da competência destes, ou nos gabinetes de apoio aos representantes da República nas regiões autónomas.

3 – Os requerimentos apresentados nos termos previstos no número anterior são remetidos aos órgãos competentes pelo registo do correio, ou por via eletrónica, no prazo de três dias após o seu recebimento, com a indicação da data em que este se verificou.

4 – Os requerimentos podem ser apresentados nos serviços das representações diplomáticas ou consulares sediadas no país em que residam ou se encontrem os interessados.

5 – As representações diplomáticas ou consulares remetem os requerimentos aos órgãos a quem sejam dirigidos, com a indicação da data em que se verificou o recebimento.

ARTIGO 104º
Forma de apresentação dos requerimentos

1 – Os requerimentos dirigidos a órgãos administrativos podem ser apresentados por uma das seguintes formas:

a) Entrega nos serviços, valendo como data da apresentação a da respetiva entrega;

b) Remessa pelo correio, sob registo, valendo como data da apresentação a da efetivação do respetivo registo postal;

c) Envio através de telefax ou transmissão eletrónica de dados, valendo como data da apresentação a do termo da expedição;

d) Envio por transmissão eletrónica de dados, valendo como data da apresentação a da respetiva expedição;

e) Formulação verbal, quando a lei admita essa forma de apresentação.

2 – Os requerimentos enviados por telefax ou transmissão eletrónica de dados podem ser apresentados em qualquer dia e independentemente da hora da abertura e do encerramento dos serviços.

3 – A Administração pode estabelecer modelos e sistemas normalizados de requerimentos, disponibilizando aos interessados os respetivos formulários.

4 – Os requerentes podem juntar os elementos que considerem convenientes para precisar ou completar os dados do modelo, os quais devem ser admitidos e tidos em conta pelo órgão ao qual se dirige o requerimento.

5 – O requerimento eletrónico deve observar o formato definido, para cada caso, no sítio institucional da entidade pública.

6 – Quando a lei admita a formulação verbal do requerimento, é lavrado termo para este efeito, o qual deve conter as menções previstas no nº 1 do artigo 102º e ser assinado, depois de datado, pelo requerente e pelo agente que receba o pedido.

ARTIGO 105º
Registo de apresentação de requerimentos

1 – A apresentação de requerimentos, qualquer que seja o modo por que se efetue, é sempre objeto de registo, que menciona o respetivo número de ordem, a data, o objeto do requerimento, o número de documentos juntos e o nome do requerente.

2 – Os requerimentos são registados segundo a ordem da sua apresentação, considerando-se simultaneamente apresentados os recebidos pelo correio na mesma distribuição.

3 – O registo é anotado nos requerimentos, mediante a menção do respetivo número e data.

4 – Nos serviços que disponibilizem meios eletrónicos de comunicação, o registo da apresentação dos requerimentos deve fazer-se por via eletrónica.

ARTIGO 106º
Recibo de entrega de requerimentos

1 – Os interessados podem exigir recibo comprovativo da entrega dos requerimentos apresentados.

2 – O recibo pode ser passado em duplicado ou em fotocópia do requerimento que o requerente apresente para esse fim.

3 – O registo eletrónico emite automaticamente um recibo comprovativo da entrega dos requerimentos apresentados por transmissão eletrónica de dados, contendo a indicação da data e hora da apresentação e o número de registo.

ARTIGO 107º
Outros escritos apresentados pelos interessados

O disposto na presente secção é aplicável, com as devidas adaptações, às exposições, reclamações, respostas e outros escritos semelhantes apresentados pelos interessados.

ARTIGO 108º
Deficiência do requerimento inicial

1 – Se o requerimento inicial não satisfizer o disposto no artigo 102º, o requerente é convidado a suprir as deficiências existentes.

2 – Sem prejuízo do disposto no número anterior, devem os órgãos e agentes administrativos procurar suprir oficiosamente as deficiências dos requerimentos, de modo a evitar que os interessados sofram prejuízos por virtude de simples irregularidades ou de mera imperfeição na formulação dos seus pedidos.

3 – São liminarmente rejeitados os requerimentos não identificados e aqueles cujo pedido seja ininteligível.

ARTIGO 109º
Questões que prejudiquem o desenvolvimento normal do procedimento

1 – O órgão competente para a decisão final, logo que estejam apurados os elementos necessários, conhece de qualquer questão que prejudique o desenvolvimento normal do procedimento ou impeça a tomada de decisão sobre o seu objeto e, nomeadamente, das seguintes questões:

a) Incompetência do órgão administrativo;
b) Caducidade do direito que se pretende exercer;
c) Ilegitimidade dos requerentes;
d) Extemporaneidade do pedido.

2 – Quando o requerimento haja sido apresentado a órgão incompetente, é aplicável o disposto no artigo 41º

SECÇÃO II
Das notificações

ARTIGO 110º
Notificação do início do procedimento

1 – O início do procedimento é notificado às pessoas cujos direitos ou interesses legalmente protegidos possam ser lesados pelos atos a praticar e que possam ser desde logo nominalmente identificadas.

2 – Não há lugar à notificação determinada no número anterior nos casos em que a lei a dispense e naqueles em que a mesma possa prejudicar a natureza secreta ou confidencial da matéria, como tal classificada nos termos legais, ou a oportuna adoção das providências a que o procedimento se destina.

3 – A notificação deve indicar a entidade que ordenou a instauração do procedimento, ou o facto que lhe deu origem, o órgão responsável pela respetiva direção, a data em que o mesmo se iniciou, o serviço por onde corre e o respetivo objeto.

ARTIGO 111º
Destinatários das notificações

1 – As notificações são efetuadas na pessoa do interessado, salvo quando este tenha constituído mandatário no procedimento, caso em que devem ser efetuadas a este.

2 – Para efeitos do disposto no número anterior, devem os interessados ou os mandatários, quando constituídos, comunicar ao responsável pelo procedimento quaisquer alterações dos respetivos domicílios que venham a acorrer na pendência do procedimento.

ARTIGO 112º
Forma das notificações

1 – As notificações podem ser efetuadas:

a) Por carta registada, dirigida para o domicílio do notificando ou, no caso de este o ter escolhido para o efeito, para outro domicílio por si indicado;

b) Por contacto pessoal com o notificando, se esta forma de notificação não prejudicar a celeridade do procedimento ou se for inviável a notificação por outra via;

c) Por telefax, telefone, correio eletrónico ou notificação eletrónica automaticamente gerada por sistema incorporado em sítio eletrónico pertencente ao serviço do órgão competente ou ao balcão único eletrónico;

d) Por edital, quando seja esta a forma de notificação prescrita por lei ou regulamento ou quando os notificandos forem incertos ou de paradeiro desconhecido;

e) Por anúncio, quando os notificandos forem em número superior a 50.

2 – As notificações previstas na alínea *c)* do número anterior podem ter lugar nos seguintes casos:

a) Por iniciativa da Administração, sem necessidade de prévio consentimento, para plataformas informáticas com acesso restrito ou para os endereços de correio eletrónico ou número de telefax ou telefone indicados em qualquer documento apresentado no procedimento administrativo, quando se trate de pessoas coletivas;

b) Mediante o consentimento prévio do notificando, nos restantes casos.

3 – A notificação prevista na alínea *d)* do nº 1 é feita por reprodução e publicação do conteúdo do edital na Internet, no *sítio* institucional da entidade pública, e ainda:

a) No caso de incerteza das pessoas a notificar, por afixação de um edital na entrada do serviço da Administração por onde corre o procedimento administrativo;

b) No caso de incerteza do lugar onde se encontram as pessoas a notificar, por afixação de três editais, um, na entrada do serviço da Administração por onde corre o procedimento, outro, na porta da casa do último domicílio conhecido do notificando no país e, outro, na entrada da sede da respetiva junta de freguesia.

4 – O anúncio previsto na alínea *e)* do nº 1 é publicado, salvo o disposto em lei especial, no *Diário da República* ou na publicação oficial da entidade pública, num jornal de circulação nacional ou local, dependendo do âmbito da matéria em causa, e sempre na Internet, no sítio institucional da entidade em causa, com a visibilidade adequada à sua compreensão.

5 – Sempre que a notificação seja feita por telefone, a mesma é confirmada nos termos da alínea *a)* do nº 1, no dia útil imediato, sem prejuízo de a notificação se considerar feita na data da primeira comunicação.

ARTIGO 113º
Perfeição das notificações

1 – A notificação por carta registada presume-se efetuada no terceiro dia útil posterior ao registo ou no primeiro dia útil seguinte a esse, quando esse dia não seja útil.

2 – A presunção prevista no número anterior só pode ser ilidida pelo notificando quando não lhe seja imputável o facto de a notificação ocorrer em data

posterior à presumida, devendo para o efeito a Administração ou o tribunal, a requerimento do interessado, solicitar aos correios informação sobre a data efetiva da receção.

3 – A notificação por telefax presume-se efetuada na data da emissão, servindo de prova a cópia da remessa com a menção de que a mensagem foi enviada com êxito, bem como da data, hora e número de telefax do recetor.

4 – A presunção prevista no número anterior pode ser ilidida por informação do operador sobre o conteúdo e data da emissão.

5 – A notificação por meios eletrónicos considera-se efetuada, no caso de correio eletrónico, no momento em que o destinatário aceda ao específico correio enviado para a sua caixa postal eletrónica, e, no caso de outras notificações por via de transmissão eletrónica de dados, no momento em que o destinatário aceda ao específico correio enviado para a sua conta eletrónica aberta junto da plataforma informática disponibilizada pelo sítio eletrónico institucional do órgão competente.

6 – Em caso de ausência de acesso à caixa postal eletrónica ou à conta eletrónica aberta junto da plataforma informática disponibilizada pelo sítio eletrónico institucional do órgão competente, a notificação considera-se efetuada no vigésimo quinto dia posterior ao seu envio, salvo quando se comprove que o notificando comunicou a alteração daquela, se demonstre ter sido impossível essa comunicação ou que o serviço de comunicações eletrónicas tenha impedido a correta receção, designadamente através de um sistema de filtragem não imputável ao interessado.

7 – Sem prejuízo do disposto no n.º 5 do número anterior, a notificação por telefone considera-se efetuada na data em que ocorreu a comunicação telefónica.

8 – A notificação edital considera-se efetuada no dia em que os editais sejam afixados ou publicados na Internet, consoante o que ocorrer em último lugar.

9 – A notificação por anúncio considera-se feita no dia em que for publicado o último anúncio.

ARTIGO 114º
Notificação dos atos administrativos

1 – Os atos administrativos devem ser notificados aos destinatários, designadamente os que:

a) Decidam sobre quaisquer pretensões por eles formuladas;
b) Imponham deveres, encargos, ónus, sujeições ou sanções, ou causem prejuízos;
c) Criem, extingam, aumentem ou diminuam direitos ou interesses legalmente protegidos, ou afetem as condições do seu exercício.

2 – Da notificação do ato administrativo devem constar:

a) O texto integral do ato administrativo, incluindo a respetiva fundamentação, quando deva existir;
b) A identificação do procedimento administrativo, incluindo a indicação do autor do ato e a data deste;
c) A indicação do órgão competente para apreciar a impugnação administrativa do ato e o respetivo prazo, no caso de o ato estar sujeito a impugnação administrativa necessária.

3 – O texto integral do ato pode ser substituído pela indicação resumida do seu conteúdo e objeto, quando o ato tiver deferido integralmente a pretensão formulada pelo interessado.
4 – Para efeitos do disposto na alínea *c)* do nº 2, o reconhecimento jurisdicional da existência de erro ou omissão na indicação do meio de impugnação administrativa a utilizar contra o ato notificado não prejudica a utilização do referido meio no prazo de 30 dias, a contar do trânsito em julgado da decisão jurisdicional.
5 – Quando não haja prazo fixado na lei, os atos administrativos devem ser notificados no prazo de oito dias.

SECÇÃO III
Da instrução

ARTIGO 115º
Factos sujeitos a prova

1 – O responsável pela direção do procedimento deve procurar averiguar todos os factos cujo conhecimento seja adequado e necessário à tomada de uma decisão legal e justa dentro de prazo razoável, podendo, para o efeito, recorrer a todos os meios de prova admitidos em direito.

2 – Não carecem de prova nem de alegação os factos notórios, bem como os factos de que o responsável pela direção do procedimento tenha conhecimento em virtude do exercício das suas funções.

3 – O responsável pela direção do procedimento deve fazer constar do procedimento os factos de que tenha conhecimento em virtude do exercício das suas funções.

ARTIGO 116º
Prova pelos interessados

1 – Cabe aos interessados provar os factos que tenham alegado, sem prejuízo do dever cometido ao responsável pela direção do procedimento nos termos do nº 1 do artigo anterior.

2 – Quando os elementos de prova dos factos estiverem em poder da Administração, o ónus previsto no número anterior considera-se satisfeito desde que o interessado proceda à sua correta identificação junto do responsável pela direção do procedimento.

3 – Os interessados podem juntar documentos e pareceres ou requerer diligências de prova úteis para o esclarecimento dos factos com interesse para a decisão.

4 – Sendo necessário juntar documento passado em país estrangeiro, a lei que rege a produção da forma especial desse documento é a lei do Estado de emissão, aferindo-se a suficiência daquela forma especial por equiparação funcional à forma exigida pela lei nacional.

5 – As despesas resultantes das diligências de prova são suportadas pelos interessados que as tiverem requerido, sem prejuízo do disposto no nº 2 do artigo 15º

ARTIGO 117º
Solicitação de provas aos interessados

1 – O responsável pela direção do procedimento pode determinar aos interessados a prestação de informações, a apresentação de documentos ou coisas, a sujeição a inspeções e a colaboração noutros meios de prova.

2 – É legítima a recusa às determinações previstas no número anterior, quando a obediência às mesmas:

a) Envolver a violação de sigilo profissional ou segredo comercial ou industrial;

b) Implicar o esclarecimento de factos cuja revelação esteja proibida ou dispensada por lei;

c) Importar a revelação de factos puníveis, praticados pelo próprio interessado, pelo seu cônjuge ou por seu ascendente ou descendente, irmão ou afim nos mesmos graus;

d) For suscetível de causar dano moral ou material ao próprio interessado ou a alguma das pessoas referidas na alínea anterior.

ARTIGO 118º
Forma da prestação de informações ou da apresentação de provas

1 – A prestação de informações ou a apresentação de provas pelos interessados faz-se por escrito, podendo também ser feita oralmente, quando tal seja admitido, nos termos e condições que para o efeito forem fixados.

2 – Se o interessado não residir no município da sede do órgão responsável pela direção do procedimento, a prestação verbal de informações ou a apresentação de provas pode ter lugar através de órgão ou serviço com sede no município da sua residência, determinado pelo órgão responsável pela direção do procedimento, salvo se o interessado preferir comparecer perante este.

ARTIGO 119º
Falta de prestação de provas

1 – Se os interessados regularmente notificados para a prestação verbal de informações ou apresentação de provas não derem cumprimento à notificação, pode proceder-se a nova notificação ou prescindir-se da prática do ato, conforme as circunstâncias aconselharem.

2 – A falta de cumprimento da notificação é livremente apreciada para efeitos de prova, consoante as circunstâncias do caso, não dispensando o órgão administrativo de procurar averiguar os factos, nem de proferir a decisão.

3 – Quando as informações, documentos ou atos solicitados ao interessado sejam necessários à apreciação do pedido por ele formulado, não deve ser dado seguimento ao procedimento, disso se notificando o particular.

ARTIGO 120º
Produção antecipada de prova

1 – Havendo justo receio de vir a tornar-se impossível ou de difícil realização a produção de qualquer prova com interesse para a decisão, pode o órgão

competente, oficiosamente ou a pedido fundamentado dos interessados, proceder à sua recolha antecipada.

2 – A produção antecipada de prova pode ter lugar antes da instauração do procedimento.

SECÇÃO IV
Da audiência dos interessados

ARTIGO 121º
Direito de audiência prévia

1 – Sem prejuízo do disposto no artigo 124º, os interessados têm o direito de ser ouvidos no procedimento antes de ser tomada a decisão final, devendo ser informados, nomeadamente, sobre o sentido provável desta.

2 – No exercício do direito de audiência, os interessados podem pronunciar-se sobre todas as questões com interesse para a decisão, em matéria de facto e de direito, bem como requerer diligências complementares e juntar documentos.

3 – A realização da audiência suspende a contagem de prazos em todos os procedimentos administrativos.

ARTIGO 122º
Notificação para a audiência

1 – Para efeitos do disposto no artigo anterior, o órgão responsável pela direção do procedimento determina, em cada caso, se a audiência se processa por forma escrita ou oral e manda notificar os interessados para, em prazo não inferior a 10 dias, dizerem o que se lhes oferecer.

2 – A notificação fornece o projeto de decisão e demais elementos necessários para que os interessados possam conhecer todos os aspetos relevantes para a decisão, em matéria de facto e de direito, indicando também as horas e o local onde o processo pode ser consultado.

3 – No caso de haver sítio na Internet da entidade em causa onde o processo possa ser consultado, a notificação referida no número anterior deve incluir a indicação do mesmo para efeitos de o processo poder também ser consultado pelos interessados pela via eletrónica.

ARTIGO 123º
Audiência oral

1 – Quando o órgão responsável pela direção do procedimento opte pela realização de audiência oral, esta realiza-se presencialmente, podendo ter lugar por teleconferência, quando tal se justifique e existam os meios necessários para o efeito.

2 – A falta de comparência do interessado não constitui motivo de adiamento da audiência, mas, se for apresentada justificação da falta até ao momento fixado para a audiência, deve proceder-se ao adiamento desta.

3 – No caso de se verificar o adiamento a que se refere o número anterior, o órgão responsável pela direção do procedimento deve tentar chegar a acordo com o interessado sobre a nova data da audiência, que, em qualquer caso, se deve realizar dentro dos 20 dias seguintes.

4 – Da audiência é lavrada ata da qual consta o extrato das alegações feitas pelo interessado, podendo este juntar alegações escritas, durante a diligência ou posteriormente.

ARTIGO 124º
Dispensa de audiência dos interessados

1 – O responsável pela direção do procedimento pode não proceder à audiência dos interessados quando:

a) A decisão seja urgente;

b) Os interessados tenham solicitado o adiamento a que se refere o nº 2 do artigo anterior e, por facto imputável a eles, não tenha sido possível fixar-se nova data nos termos do nº 3 do mesmo artigo;

c) Seja razoavelmente de prever que a diligência possa comprometer a execução ou a utilidade da decisão;

d) O número de interessados a ouvir seja de tal forma elevado que a audiência se torne impraticável, devendo nesse caso proceder-se a consulta pública, quando possível, pela forma mais adequada;

e) Os interessados já se tiverem pronunciado no procedimento sobre as questões que importem à decisão e sobre as provas produzidas;

f) Os elementos constantes do procedimento conduzirem a uma decisão inteiramente favorável aos interessados.

2 – Nas situações previstas no número anterior, a decisão final deve indicar as razões da não realização da audiência.

ARTIGO 125º
Diligências complementares

Após a audiência, podem ser efetuadas, oficiosamente ou a pedido dos interessados, as diligências complementares que se mostrem convenientes.

SECÇÃO V
Da decisão e outras causas de extinção do procedimento

ARTIGO 126º
Relatório do responsável pela direção do procedimento

Quando o responsável pela direção do procedimento não for o órgão competente para a decisão final, elabora um relatório no qual indica o pedido do interessado, resume o conteúdo do procedimento, incluindo a fundamentação da dispensa da audiência dos interessados, quando esta não tiver ocorrido, e formula uma proposta de decisão, sintetizando as razões de facto e de direito que a justificam.

ARTIGO 127º
Decisão do procedimento

Salvo se outra coisa resultar da lei ou da natureza das relações a estabelecer, o procedimento pode terminar pela prática de um ato administrativo ou pela celebração de um contrato.

ARTIGO 128º
Prazos para a decisão dos procedimentos

1 – Os procedimentos de iniciativa particular devem ser decididos no prazo de 90 dias, salvo se outro prazo decorrer da lei, podendo o prazo, em circunstâncias excecionais, ser prorrogado pelo responsável pela direção do procedimento, por um ou mais períodos, até ao limite máximo de 90 dias, mediante autorização do órgão competente para a decisão final, quando as duas funções não coincidam no mesmo órgão.

2 – A decisão de prorrogação referida no número anterior é notificada ao interessado pelo responsável pela direção do procedimento.

3 – O prazo referido no nº 1 conta-se, na falta de disposição especial, da data de entrada do requerimento ou petição no serviço competente, salvo quando a lei imponha formalidades especiais para a fase preparatória da decisão e fixe prazo para a respetiva conclusão.

4 – No caso previsto na parte final do número anterior, o prazo conta-se do termo do prazo fixado para a conclusão daquelas formalidades.

5 – Para eventual apuramento de responsabilidade disciplinar, a inobservância dos prazos referidos nos números anteriores deve ser justificada pelo órgão responsável dentro dos 10 dias seguintes ao termo dos mesmos prazos.

6 – Os procedimentos de iniciativa oficiosa, passíveis de conduzir à emissão de uma decisão com efeitos desfavoráveis para os interessados caducam, na ausência de decisão, no prazo de 180 dias.

ARTIGO 129º
Incumprimento do dever de decisão

Sem prejuízo do disposto no nº 2 do artigo 13º e no artigo seguinte, a falta, no prazo legal, de decisão final sobre pretensão dirigida a órgão administrativo competente constitui incumprimento do dever de decisão, conferindo ao interessado a possibilidade de utilizar os meios de tutela administrativa e jurisdicional adequados.

ARTIGO 130º
Atos tácitos

1 – Existe deferimento tácito quando a lei ou regulamento determine que a ausência de notificação da decisão final sobre pretensão dirigida a órgão competente dentro do prazo legal tem o valor de deferimento.

2 – Considera-se que há deferimento tácito se a notificação do ato não for expedida até ao primeiro dia útil seguinte ao termo do prazo da decisão.

3 – O prazo legal de produção de deferimento tácito suspende-se se o procedimento estiver parado por motivo imputável ao interessado e só se interrompe com a notificação de decisão expressa.

4 – Quando a prática de um ato administrativo dependa de autorização prévia ou um ato esteja sujeito à aprovação de um órgão da Administração

Pública ou de outra entidade no exercício de poderes públicos, prescinde-se da autorização prévia ou da aprovação desde que o órgão que as solicitou tenha interpelado o órgão competente para as emitir.

5 – A interpelação a que se refere o número anterior deve ser efetuada decorridos 10 dias, a contar do termo do prazo para a autorização ou aprovação, devendo o órgão competente, nesse caso, emiti-las no prazo de 20 dias.

ARTIGO 131º
Desistência e renúncia

1 – Os interessados podem, mediante requerimento escrito, desistir do procedimento ou de alguns dos pedidos formulados, bem como renunciar aos seus direitos ou interesses legalmente protegidos, salvo nos casos previstos na lei.

2 – A desistência ou renúncia dos interessados não prejudica a continuação do procedimento, se a Administração entender que o interesse público assim o exige.

ARTIGO 132º
Deserção

1 – É declarado deserto o procedimento que, por causa imputável ao interessado, esteja parado por mais de seis meses, salvo se houver interesse público na decisão do procedimento.

2 – A deserção não extingue o direito que o particular pretendia fazer valer.

ARTIGO 133º
Falta de pagamento de taxas ou despesas

1 – O procedimento extingue-se pela falta de pagamento, no prazo devido, de quaisquer taxas ou despesas de que a lei faça depender a realização dos atos procedimentais, salvo nos casos previstos no nº 2 do artigo 15º

2 – Os interessados podem obstar à extinção do procedimento se realizarem o pagamento em dobro da quantia em falta nos 10 dias seguintes ao termo do prazo fixado para o seu pagamento.

SECÇÃO VI
Comunicações prévias

ARTIGO 134º
Regime

1 – A lei pode prever que a produção de determinados efeitos jurídico-administrativos e o seu aproveitamento pelo interessado não dependa da emissão de um ato administrativo procedimentalizado, mas resulte, de forma imediata, da mera comunicação prévia pelo interessado do preenchimento dos correspondentes pressupostos legais e regulamentares.

2 – A lei também pode estabelecer um regime de comunicação prévia com prazo, determinando que a comunicação prévia do interessado só produza os efeitos visados se o órgão competente não se pronunciar em sentido contrário dentro de determinado prazo.

3 – Nas situações de comunicação prévia com prazo, a ausência de pronúncia do órgão competente não dá origem a um ato de deferimento tácito, mas habilita o interessado a desenvolver a atividade pretendida, sem prejuízo dos poderes de fiscalização da Administração e da possibilidade de esta utilizar os meios adequados à defesa da legalidade.

PARTE IV
Da atividade administrativa

CAPÍTULO I
Do regulamento administrativo

SECÇÃO I
Disposições gerais

ARTIGO 135º
Conceito de regulamento administrativo

Para efeitos do disposto no presente Código, consideram-se regulamentos administrativos as normas jurídicas gerais e abstratas que, no exercício de poderes jurídico-administrativos, visem produzir efeitos jurídicos externos.

ARTIGO 136º
Habilitação legal

1 – A emissão de regulamentos depende sempre de lei habilitante.

2 – Os regulamentos devem indicar expressamente as leis que visam regulamentar ou, no caso de regulamentos independentes, as leis que definem a competência subjetiva e objetiva para a sua emissão.

3 – Para efeitos do disposto no número anterior, consideram-se independentes os regulamentos que visam introduzir uma disciplina jurídica inovadora no âmbito das atribuições das entidades que os emitam.

4 – Embora não tenham natureza regulamentar para efeitos do disposto no presente capítulo, carecem de lei habilitante quaisquer comunicações dos órgãos da Administração Pública que enunciem de modo orientador padrões de conduta na vida em sociedade com, entre outras, as denominações de «diretiva», «recomendação», «instruções», «código de conduta» ou «manual de boas práticas».

ARTIGO 137º
Regulamento devido e sua omissão

1 – Quando a adoção de um regulamento seja necessária para dar exequibilidade a ato legislativo carente de regulamentação, o prazo para a emissão do regulamento é, no silêncio da lei, de 90 dias.

2 – Se o regulamento não for emitido no prazo devido, os interessados diretamente prejudicados pela situação de omissão podem requerer a emissão do regulamento ao órgão com competência na matéria, sem prejuízo da possibilidade de recurso à tutela jurisdicional.

ARTIGO 138º
Relações entre os regulamentos

1 – Os regulamentos governamentais, no domínio das atribuições concorrentes do Estado, das regiões autónomas e das autarquias locais, prevalecem sobre os regulamentos regionais e autárquicos e das demais entidades dotadas de autonomia regulamentar, salvo se estes configurarem normas especiais.

2 – Os regulamentos municipais prevalecem sobre os regulamentos das freguesias, salvo se estes configurarem normas especiais.

3 – Entre os regulamentos governamentais estabelece-se a seguinte ordem de prevalência:

a) Decretos regulamentares;
b) Resoluções de Conselho de Ministros com conteúdo normativo;
c) Portarias;
d) Despachos.

SECÇÃO II
Da eficácia do regulamento administrativo

ARTIGO 139º
Publicação

A produção de efeitos do regulamento depende da respetiva publicação, a fazer em *Diário da República*, sem prejuízo de tal publicação poder ser feita também na publicação oficial da entidade pública, e na *Internet*, no sítio institucional da entidade em causa.

ARTIGO 140º
Vigência

Os regulamentos entram em vigor na data neles estabelecida ou no quinto dia após a sua publicação.

ARTIGO 141º
Proibição de eficácia retroativa

1 – Não pode ser atribuída eficácia retroativa aos regulamentos que imponham deveres, encargos, ónus, sujeições ou sanções, que causem prejuízos ou restrinjam direitos ou interesses legalmente protegidos, ou afetem as condições do seu exercício.

2 – Os efeitos dos regulamentos não podem reportar-se a data anterior àquela a que se reporta a lei habilitante.

ARTIGO 142º
Aplicação de regulamentos

1 – Os regulamentos podem ser interpretados, modificados e suspensos pelos órgãos competentes para a sua emissão.

2 – Os regulamentos não podem ser derrogados por atos administrativos de caráter individual e concreto.

SECÇÃO III
Da invalidade do regulamento administrativo

ARTIGO 143º
Invalidade

1 – São inválidos os regulamentos que sejam desconformes com a Constituição, a lei e os princípios gerais de direito administrativo ou que infrinjam normas de direito internacional ou de direito da União Europeia.

2 – São também inválidos:

a) Os regulamentos que desrespeitem os regulamentos emanados dos órgãos hierarquicamente superiores ou dotados de poderes de superintendência;

b) Os regulamentos que desrespeitem os regulamentos emanados pelo delegante, salvo se a delegação incluir a competência regulamentar;

c) Os regulamentos que desrespeitem os estatutos emanados ao abrigo de autonomia normativa nas quais se funde a competência para a respetiva emissão.

ARTIGO 144º
Regime de invalidade

1 – A invalidade do regulamento pode ser invocada a todo o tempo por qualquer interessado e pode, também a todo o tempo, ser declarada pelos órgãos administrativos competentes, sem prejuízo do disposto no número seguinte.

2 – Os regulamentos que enfermem de ilegalidade formal ou procedimental da qual não resulte a sua inconstitucionalidade só podem ser impugnados ou declarados oficiosamente inválidos pela Administração no prazo de seis meses, a contar da data da respetiva publicação, salvo nos casos de carência absoluta de forma legal ou de preterição de consulta pública exigida por lei.

3 – A declaração administrativa de invalidade produz efeitos desde a data de emissão do regulamento e determina a repristinação das normas que ele haja revogado, salvo quando estas sejam ilegais ou tenham deixado por outro motivo de vigorar, devendo o órgão competente reconhecer o afastamento do efeito repristinatório, quando este se verifique.

4 – A retroatividade da declaração de invalidade não afeta os casos julgados nem os atos administrativos que se tenham tornado inimpugnáveis, salvo, neste último caso, quando se trate de atos desfavoráveis para os destinatários.

SECÇÃO IV
Da caducidade e da revogação

ARTIGO 145º
Caducidade

1 – Os regulamentos sujeitos a termo ou condição resolutiva caducam com a verificação destes.

2 – Os regulamentos de execução caducam com a revogação das leis que regulamentam, salvo na medida em que sejam compatíveis com a lei nova e enquanto não houver regulamentação desta.

ARTIGO 146º
Revogação

1 – Os regulamentos podem ser revogados pelos órgãos competentes para a respetiva emissão, sem prejuízo do disposto nos números seguintes.

2 – Os regulamentos necessários à execução das leis em vigor ou de direito da União Europeia não podem ser objeto de revogação sem que a matéria seja simultaneamente objeto de nova regulamentação.

3 – Em caso de inobservância do disposto no número anterior, consideram-se em vigor, para todos os efeitos, até ao início da vigência do novo regulamento, as normas regulamentares do diploma revogado de que dependa a aplicabilidade da lei exequenda.

4 – Os regulamentos revogatórios devem fazer menção expressa das normas revogadas.

SECÇÃO V
Da impugnação de regulamentos administrativos

ARTIGO 147º
Reclamações e recursos administrativos

1 – Os interessados têm direito a solicitar a modificação, suspensão, revogação ou declaração de invalidade de regulamentos administrativos direta-

mente lesivos dos seus direitos ou interesses legalmente protegidos, assim como a reagir contra a omissão ilegal de regulamentos administrativos.

2 – Os direitos reconhecidos no número anterior podem ser exercidos, consoante os casos, mediante reclamação para o autor do regulamento ou recurso para o órgão com competência para o efeito, caso exista.

3 – À impugnação administrativa de regulamentos é aplicável o disposto nos artigos 189º e 190º para a impugnação facultativa de atos administrativos.

CAPÍTULO II
Do ato administrativo

SECÇÃO I
Disposições gerais

ARTIGO 148º
Conceito de ato administrativo

Para efeitos do disposto no presente Código, consideram-se atos administrativos as decisões que, no exercício de poderes jurídico-administrativos, visem produzir efeitos jurídicos externos numa situação individual e concreta.

ARTIGO 149º
Cláusulas acessórias

1 – Os atos administrativos podem ser sujeitos, pelo seu autor, mediante decisão fundamentada, a condição, termo, modo ou reserva, desde que estes não sejam contrários à lei ou ao fim a que o ato se destina, tenham relação direta com o conteúdo principal do ato e respeitem os princípios jurídicos aplicáveis, designadamente o princípio da proporcionalidade.

2 – A aposição de cláusulas acessórias a atos administrativos de conteúdo vinculado só é admissível quando a lei o preveja ou quando vise assegurar a verificação futura de pressupostos legais ainda não preenchidos no momento da prática do ato.

ARTIGO 150º
Forma dos atos

1 – Os atos administrativos devem ser praticados por escrito, desde que outra forma não seja prevista por lei ou imposta pela natureza e circunstâncias do ato.

2 – A forma escrita só é obrigatória para os atos dos órgãos colegiais quando a lei expressamente a determinar, mas esses atos devem ser sempre consignados em ata, sem o que não produzem efeitos.

ARTIGO 151º
Menções obrigatórias

1 – Sem prejuízo de outras referências especialmente exigidas por lei, devem constar do ato:

a) A indicação da autoridade que o pratica e a menção da delegação ou subdelegação de poderes, quando exista;
b) A identificação adequada do destinatário ou destinatários;
c) A enunciação dos factos ou atos que lhe deram origem, quando relevantes;
d) A fundamentação, quando exigível;
e) O conteúdo ou o sentido da decisão e o respetivo objeto;
f) A data em que é praticado;
g) A assinatura do autor do ato ou do presidente do órgão colegial que o emana.

2 – As menções exigidas no número anterior devem ser enunciadas de forma clara, de modo a poderem determinar-se de forma inequívoca o seu sentido e alcance e os efeitos jurídicos do ato administrativo.

ARTIGO 152º
Dever de fundamentação

1 – Para além dos casos em que a lei especialmente o exija, devem ser fundamentados os atos administrativos que, total ou parcialmente:

a) Neguem, extingam, restrinjam ou afetem por qualquer modo direitos ou interesses legalmente protegidos, ou imponham ou agravem deveres, encargos, ónus, sujeições ou sanções;
b) Decidam reclamação ou recurso;
c) Decidam em contrário de pretensão ou oposição formulada por interessado, ou de parecer, informação ou proposta oficial;
d) Decidam de modo diferente da prática habitualmente seguida na resolução de casos semelhantes, ou na interpretação e aplicação dos mesmos princípios ou preceitos legais;

e) Impliquem declaração de nulidade, anulação, revogação, modificação ou suspensão de ato administrativo anterior.

2 – Salvo disposição legal em contrário, não carecem de ser fundamentados os atos de homologação de deliberações tomadas por júris, bem como as ordens dadas pelos superiores hierárquicos aos seus subalternos em matéria de serviço e com a forma legal.

ARTIGO 153º
Requisitos da fundamentação

1 – A fundamentação deve ser expressa, através de sucinta exposição dos fundamentos de facto e de direito da decisão, podendo consistir em mera declaração de concordância com os fundamentos de anteriores pareceres, informações ou propostas, que constituem, neste caso, parte integrante do respetivo ato.

2 – Equivale à falta de fundamentação a adoção de fundamentos que, por obscuridade, contradição ou insuficiência, não esclareçam concretamente a motivação do ato.

3 – Na resolução de assuntos da mesma natureza, pode utilizar-se qualquer meio mecânico que reproduza os fundamentos das decisões, desde que tal não envolva diminuição das garantias dos interessados.

ARTIGO 154º
Fundamentação de atos orais

1 – A fundamentação dos atos orais abrangidos pelo nº 1 do artigo 152º, que não constem de ata deve, a requerimento dos interessados, e para efeitos de impugnação, ser reduzida a escrito e comunicada integralmente àqueles, no prazo de 10 dias.

2 – O não exercício, pelos interessados, da faculdade conferida pelo número anterior não prejudica os efeitos da eventual falta de fundamentação do ato.

SECÇÃO II
Da eficácia do ato administrativo

ARTIGO 155º
Regra geral

1 – O ato administrativo produz os seus efeitos desde a data em que é praticado, salvo nos casos em que a lei ou o próprio ato lhe atribuam eficácia retroativa, diferida ou condicionada.

2 – O ato considera-se praticado quando seja emitida uma decisão que identifique o autor e indique o destinatário, se for o caso, e o objeto a que se refere o seu conteúdo.

ARTIGO 156º
Eficácia retroativa

1 – Têm eficácia retroativa os atos administrativos:

a) Que se limitem a interpretar atos anteriores;
b) A que a lei atribua efeito retroativo.

2 – Fora dos casos abrangidos pelo número anterior, o autor do ato administrativo só pode atribuir-lhe eficácia retroativa:

a) Quando a retroatividade seja favorável para os interessados e não lese direitos ou interesses legalmente protegidos de terceiros, desde que à data a que se pretende fazer remontar a eficácia do ato já existissem os pressupostos justificativos dos efeitos a produzir;
b) Quando estejam em causa decisões revogatórias de atos administrativos tomadas por órgãos ou agentes que os praticaram, na sequência de reclamação ou recurso hierárquico;
c) Quando tal seja devido para dar cumprimento a deveres, encargos, ónus ou sujeições constituídos no passado, designadamente em execução de decisões dos tribunais ou na sequência de anulação administrativa, e não envolva a imposição de deveres, a aplicação de sanções, ou a restrição de direitos ou interesses legalmente protegidos.
d) Quando a lei o permita ou imponha.

ARTIGO 157º
Eficácia diferida ou condicionada

O ato administrativo tem eficácia diferida ou condicionada:

a) Quando estiver sujeito a aprovação ou a referendo;
b) Quando os seus efeitos ficarem dependentes de condição ou termo suspensivos;
c) Quando os seus efeitos, pela natureza do ato ou por disposição legal, dependam de trâmite procedimental ou da verificação de qualquer requisito que não respeite à validade do próprio ato.

ARTIGO 158º
Publicação obrigatória

1 – A publicação dos atos administrativos só é obrigatória quando exigida por lei.
2 – A falta de publicação do ato, quando legalmente exigida, implica a sua ineficácia.

ARTIGO 159º
Termos da publicação obrigatória

Quando a lei impuser a publicação do ato, mas não regular os respetivos termos, deve a mesma ser feita no *Diário da República* ou na publicação oficial da entidade pública, e na *Internet*, no sítio institucional da entidade em causa, no prazo de 30 dias, e conter todos os elementos referidos no nº 1 do artigo 151º

ARTIGO 160º
Eficácia dos atos constitutivos de deveres ou encargos

Independentemente da sua forma, os atos que imponham deveres, encargos, ónus, sujeições ou sanções, que causem prejuízos ou restrinjam direitos ou interesses legalmente protegidos, ou afetem as condições do seu exercício, só são oponíveis aos destinatários a partir da respetiva notificação.

SECÇÃO III
Da invalidade do ato administrativo

ARTIGO 161º
Atos nulos

1 – São nulos os atos para os quais a lei comine expressamente essa forma de invalidade.

2 – São, designadamente, nulos:

a) Os atos viciados de usurpação de poder;

b) Os atos estranhos às atribuições dos ministérios, ou das pessoas coletivas referidas no artigo 2º, em que o seu autor se integre;

c) Os atos cujo objeto ou conteúdo seja impossível, ininteligível ou constitua ou seja determinado pela prática de um crime;

d) Os atos que ofendam o conteúdo essencial de um direito fundamental;

e) Os atos praticados com desvio de poder para fins de interesse privado;

f) Os atos praticados sob coação física ou sob coação moral;

g) Os atos que careçam em absoluto de forma legal;

h) As deliberações de órgãos colegiais tomadas tumultuosamente ou com inobservância do *quorum* ou da maioria legalmente exigidos;

i) Os atos que ofendam os casos julgados;

j) Os atos certificativos de factos inverídicos ou inexistentes;

k) Os atos que criem obrigações pecuniárias não previstas na lei;

l) Os atos praticados, salvo em estado de necessidade, com preterição total do procedimento legalmente exigido.

ARTIGO 162º
Regime da nulidade

1 – O ato nulo não produz quaisquer efeitos jurídicos, independentemente da declaração de nulidade.

2 – Salvo disposição legal em contrário, a nulidade é invocável a todo o tempo por qualquer interessado e pode, também a todo o tempo, ser conhecida por qualquer autoridade e declarada pelos tribunais administrativos ou pelos órgãos administrativos competentes para a anulação.

3 – O disposto nos números anteriores não prejudica a possibilidade de atribuição de efeitos jurídicos a situações de facto decorrentes de atos nulos,

de harmonia com os princípios da boa-fé, da proteção da confiança e da proporcionalidade ou outros princípios jurídicos constitucionais, designadamente associados ao decurso do tempo.

ARTIGO 163º
Atos anuláveis e regime da anulabilidade

1 – São anuláveis os atos administrativos praticados com ofensa dos princípios ou outras normas jurídicas aplicáveis, para cuja violação se não preveja outra sanção.

2 – O ato anulável produz efeitos jurídicos, que podem ser destruídos com eficácia retroativa se o ato vier a ser anulado por decisão proferida pelos tribunais administrativos ou pela própria Administração.

3 – Os atos anuláveis podem ser impugnados perante a própria Administração ou perante o tribunal administrativo competente, dentro dos prazos legalmente estabelecidos.

4 – Os atos anuláveis podem ser anulados pela Administração nos prazos legalmente estabelecidos.

5 – Não se produz o efeito anulatório quando:

a) O conteúdo do ato anulável não possa ser outro, por o ato ser de conteúdo vinculado ou a apreciação do caso concreto permita identificar apenas uma solução como legalmente possível;

b) O fim visado pela exigência procedimental ou formal preterida tenha sido alcançado por outra via;

c) Se comprove, sem margem para dúvidas, que, mesmo sem o vício, o ato teria sido praticado com o mesmo conteúdo.

ARTIGO 164º
Ratificação, reforma e conversão

1 – São aplicáveis à ratificação, reforma e conversão dos atos administrativos as normas que regulam a competência para a anulação administrativa dos atos inválidos e a sua tempestividade.

2 – Os atos nulos só podem ser objeto de reforma ou conversão.

3 – Em caso de incompetência, o poder de ratificar o ato cabe ao órgão competente para a sua prática.

4 – A reforma e a conversão obedecem às normas procedimentais aplicáveis ao novo ato.

5 – Desde que não tenha havido alteração ao regime legal, a ratificação, a reforma e a conversão retroagem os seus efeitos à data dos atos a que respeitam, mas não prejudicam a possibilidade de anulação dos efeitos lesivos produzidos durante o período de tempo que as tiver precedido, quando ocorram na pendência de processo impugnatório e respeitem a atos que envolvam a imposição de deveres, encargos, ónus ou sujeições, a aplicação de sanções ou a restrição de direitos e interesses legalmente protegidos.

SECÇÃO IV
Da revogação e da anulação administrativas

ARTIGO 165º
Revogação e anulação administrativas

1 – A revogação é o ato administrativo que determina a cessação dos efeitos de outro ato, por razões de mérito, conveniência ou oportunidade.

2 – A anulação administrativa é o ato administrativo que determina a destruição dos efeitos de outro ato, com fundamento em invalidade.

ARTIGO 166º
Atos insuscetíveis de revogação ou anulação administrativas

1 – Não são suscetíveis de revogação nem de anulação administrativas:

a) Os atos nulos;
b) Os atos anulados contenciosamente;
c) Os atos revogados com eficácia retroativa.

2 – Os atos cujos efeitos tenham caducado ou se encontrem esgotados só podem ser objeto de anulação administrativa ou de revogação com eficácia retroativa.

ARTIGO 167º
Condicionalismos aplicáveis à revogação

1 – Os atos administrativos não podem ser revogados quando a sua irrevogabilidade resulte de vinculação legal ou quando deles resultem, para a Administração, obrigações legais ou direitos irrenunciáveis.

2 – Os atos constitutivos de direitos só podem ser revogados:

a) Na parte em que sejam desfavoráveis aos interesses dos beneficiários;

b) Quando todos os beneficiários manifestem a sua concordância e não estejam em causa direitos indisponíveis;

c) Com fundamento na superveniência de conhecimentos técnicos e científicos ou em alteração objetiva das circunstâncias de facto, em face das quais, num ou noutro caso, não poderiam ter sido praticados;

d) Com fundamento em reserva de revogação, na medida em que o quadro normativo aplicável consinta a precarização do ato em causa e se verifique o circunstancialismo específico previsto na própria cláusula.

3 – Para efeitos do disposto na presente secção, consideram-se constitutivos de direitos os atos administrativos que atribuam ou reconheçam situações jurídicas de vantagem ou eliminem ou limitem deveres, ónus, encargos ou sujeições, salvo quando a sua precariedade decorra da lei ou da natureza do ato.

4 – A revogação prevista na alínea *c)* do nº 2 deve ser proferida no prazo de um ano, a contar da data do conhecimento da superveniência ou da alteração das circunstâncias, podendo esse prazo ser prorrogado, por mais dois anos, por razões fundamentadas.

5 – Na situação prevista na alínea *c)* do nº 2, os beneficiários de boa-fé do ato revogado têm direito a ser indemnizados, nos termos do regime geral aplicável às situações de indemnização pelo sacrifício, mas quando a afetação do direito, pela sua gravidade ou intensidade, elimine ou restrinja o conteúdo essencial desse direito, o beneficiário de boa-fé do ato revogado tem direito a uma indemnização correspondente ao valor económico do direito eliminado ou da parte do direito que tiver sido restringida.

6 – Para efeitos do disposto no número anterior, consideram-se de boa-fé os beneficiários que, à data da prática do ato revogado, desconheciam sem culpa a existência de fundamentos passíveis de determinar a revogação do ato.

ARTIGO 168º
Condicionalismos aplicáveis à anulação administrativa

1 – Os atos administrativos podem ser objeto de anulação administrativa no prazo de seis meses, a contar da data do conhecimento pelo órgão competente da causa de invalidade, ou, nos casos de invalidade resultante de erro do

agente, desde o momento da cessação do erro, em qualquer dos casos desde que não tenham decorrido cinco anos, a contar da respetiva emissão.

2 – Salvo nos casos previstos nos números seguintes, os atos constitutivos de direitos só podem ser objeto de anulação administrativa dentro do prazo de um ano, a contar da data da respetiva emissão.

3 – Quando o ato tenha sido objeto de impugnação jurisdicional, a anulação administrativa só pode ter lugar até ao encerramento da discussão.

4 – Salvo se a lei ou o direito da União Europeia prescreverem prazo diferente, os atos constitutivos de direitos podem ser objeto de anulação administrativa no prazo de cinco anos, a contar da data da respetiva emissão, nas seguintes circunstâncias:

a) Quando o respetivo beneficiário tenha utilizado artifício fraudulento com vista à obtenção da sua prática;

b) Apenas com eficácia para o futuro, quando se trate de atos constitutivos de direitos à obtenção de prestações periódicas, no âmbito de uma relação continuada;

c) Quando se trate de atos constitutivos de direitos de conteúdo pecuniário cuja legalidade, nos termos da legislação aplicável, possa ser objeto de fiscalização administrativa para além do prazo de um ano, com imposição do dever de restituição das quantias indevidamente auferidas.

5 – Quando, nos casos previstos nos nºs 1 e 4, o ato se tenha tornado inimpugnável por via jurisdicional, o mesmo só pode ser objeto de anulação administrativa oficiosa.

6 – A anulação administrativa de atos constitutivos de direitos constitui os beneficiários que desconhecessem sem culpa a existência da invalidade e tenham auferido, tirado partido ou feito uso da posição de vantagem em que o ato os colocava, no direito de serem indemnizados pelos danos anormais que sofram em consequência da anulação.

7 – Desde que ainda o possa fazer, a Administração tem o dever de anular o ato administrativo que tenha sido julgado válido por sentença transitada em julgado, proferida por um tribunal administrativo com base na interpretação do direito da União Europeia, invocando para o efeito nova interpretação desse direito em sentença posterior, transitada em julgado, proferida por um tribunal administrativo que, julgando em última instância, tenha dado

execução a uma sentença de um tribunal da União Europeia vinculativa para o Estado português.

ARTIGO 169º
Iniciativa e competência

1 – Os atos administrativos podem ser objeto de revogação ou anulação administrativas por iniciativa dos órgãos competentes, ou a pedido dos interessados, mediante reclamação ou recurso administrativo.

2 – Salvo disposição especial e sem prejuízo do disposto nos números seguintes, são competentes para a revogação dos atos administrativos os seus autores e os respetivos superiores hierárquicos, desde que não se trate de ato da competência exclusiva do subalterno.

3 – Os atos administrativos podem ser objeto de anulação administrativa pelo órgão que os praticou e pelo respetivo superior hierárquico.

4 – Enquanto vigorar a delegação ou subdelegação, os atos administrativos praticados por delegação ou subdelegação de poderes podem ser objeto de revogação ou de anulação administrativa pelo órgão delegante ou subdelegante, bem como pelo delegado ou subdelegado.

5 – Nos casos expressamente permitidos por lei, os atos administrativos praticados por órgãos sujeitos a superintendência ou tutela administrativa podem ser objeto de revogação ou de anulação administrativa pelos órgãos com poderes de superintendência ou tutela.

6 – Os atos administrativos praticados por órgão incompetente podem ser objeto de revogação ou de anulação administrativa pelo órgão competente para a sua prática.

ARTIGO 170º
Forma e formalidades

1 – Salvo disposição especial, o ato de revogação ou anulação administrativa deve revestir a forma legalmente prescrita para o ato revogado ou anulado.

2 – Sem prejuízo do disposto no nº 6 do artigo anterior, quando a lei não estabelecer forma alguma para o ato revogado ou anulado, ou este tiver revestido forma mais solene do que a legalmente prevista, o ato de revogação ou anulação administrativa deve revestir a mesma forma utilizada na prática do ato revogado ou anulado.

3 – Salvo disposição especial, são de observar na revogação ou anulação administrativa as formalidades exigidas para a prática do ato revogado ou anulado que se mostrem indispensáveis à garantia do interesse público ou dos direitos e interesses legalmente protegidos dos interessados.

ARTIGO 171º
Efeitos

1 – Por regra, a revogação apenas produz efeitos para o futuro, mas o autor da revogação pode, no próprio ato, atribuir-lhe eficácia retroativa quando esta seja favorável aos interessados ou quando estes concordem expressamente com a retroatividade e não estejam em causa direitos ou interesses indisponíveis.

2 – A revogação de um ato revogatório só produz efeitos repristinatórios se a lei ou o ato de revogação assim expressamente o determinarem.

3 – Salvo disposição especial, a anulação administrativa produz efeitos retroativos, mas o autor da anulação pode, na própria decisão, atribuir-lhe eficácia para o futuro, quando o ato se tenha tornado inimpugnável por via jurisdicional.

4 – A anulação administrativa produz efeitos repristinatórios e, quando tenha por objeto a anulação de um ato revogatório, só não determina a repristinação do ato revogado se a lei ou o ato de anulação assim expressamente dispuserem.

ARTIGO 172º
Consequências da anulação administrativa

1 – Sem prejuízo do eventual poder de praticar novo ato administrativo, a anulação administrativa constitui a Administração no dever de reconstituir a situação que existiria se o ato anulado não tivesse sido praticado, bem como de dar cumprimento aos deveres que não tenha cumprido com fundamento naquele ato, por referência à situação jurídica e de facto existente no momento em que deveria ter atuado.

2 – Para efeitos do disposto no número anterior, a Administração pode ficar constituída no dever de praticar atos dotados de eficácia retroativa, desde que não envolvam a imposição de deveres, encargos, ónus ou sujeições, a aplicação de sanções ou a restrição de direitos ou interesses legalmente protegidos, assim como no dever de anular, reformar ou substituir os atos consequentes

sem dependência de prazo, e alterar as situações de facto entretanto constituídas, cuja manutenção seja incompatível com a necessidade de reconstituir a situação que existiria se o ato anulado não tivesse sido praticado.

3 – Os beneficiários de boa-fé de atos consequentes praticados há mais de um ano têm direito a ser indemnizados pelos danos que sofram em consequência da anulação, mas a sua situação jurídica não pode ser posta em causa se esses danos forem de difícil ou impossível reparação e for manifesta a desproporção existente entre o seu interesse na manutenção da situação e o dos interessados na concretização dos efeitos da anulação.

4 – Quando à reintegração ou recolocação de um trabalhador que tenha obtido a anulação de um ato administrativo se oponha a existência de terceiros com interesse legítimo na manutenção de situações incompatíveis, constituídas em seu favor por ato administrativo praticado há mais de um ano, o trabalhador que obteve a anulação tem direito a ser provido em lugar ou posto de trabalho vago e na categoria igual ou equivalente àquele em que deveria ter sido colocado, ou, não sendo isso imediatamente possível, em lugar ou posto de trabalho a criar no quadro ou mapa de pessoal da entidade onde exercerá funções.

ARTIGO 173º
Alteração e substituição dos atos administrativos

1 – Salvo disposição especial, são aplicáveis à alteração e substituição dos atos administrativos as normas reguladoras da revogação.

2 – A substituição de um ato administrativo anulável, ainda que na pendência de processo jurisdicional, por um ato válido com o mesmo conteúdo sana os efeitos por ele produzidos, assim como os respetivos atos consequentes.

3 – No caso previsto no número anterior, se o ato substituído tiver tido por objeto a imposição de deveres, encargos, ónus ou sujeições, a aplicação de sanções ou a restrição de direitos ou interesses legalmente protegidos, a renovação não prejudica a possibilidade da anulação dos efeitos lesivos produzidos durante o período de tempo que precedeu a substituição do ato.

ARTIGO 174º
Retificação dos atos administrativos

1 – Os erros de cálculo e os erros materiais na expressão da vontade do órgão administrativo, quando manifestos, podem ser retificados, a todo o tempo, pelos órgãos competentes para a revogação do ato.

2 – A retificação pode ter lugar oficiosamente ou a pedido dos interessados, produz efeitos retroativos e deve ser feita sob a forma e com a publicidade usadas para a prática do ato retificado.

SECÇÃO V
Da execução do ato administrativo

ARTIGO 175º
Objeto

1 – A presente secção estabelece o regime comum aplicável aos procedimentos administrativos dirigidos à obtenção, através de meios coercivos, da satisfação de obrigações pecuniárias, da entrega de coisa certa, da prestação de factos ou ainda do respeito por ações ou omissões em cumprimento de limitações impostas por atos administrativos.

2 – A adoção de medidas policiais de coação direta, dirigidas à execução de obrigações diretamente decorrentes do quadro normativo aplicável, é objeto de legislação própria.

ARTIGO 176º
Legalidade da execução

1 – Sem prejuízo do disposto no nº 2 do artigo anterior, a satisfação de obrigações e o respeito por limitações decorrentes de atos administrativos só podem ser impostos coercivamente pela Administração nos casos e segundo as formas e termos expressamente previstos na lei, ou em situações de urgente necessidade pública, devidamente fundamentada.

2 – A execução coerciva de obrigações pecuniárias é sempre possível, nos termos do artigo 179º

ARTIGO 177º
Ato exequendo e decisão de proceder à execução

1 – Os órgãos da Administração Pública não podem praticar qualquer ato jurídico ou operação material de execução sem terem praticado previamente o ato administrativo exequendo.

2 – Salvo em estado de necessidade, os procedimentos de execução têm sempre início com a emissão de uma decisão autónoma e devidamente fun-

damentada de proceder à execução administrativa, na qual o órgão competente determina o conteúdo e os termos da execução.

3 – A decisão de proceder à execução é notificada ao destinatário, com a cominação de um prazo razoável para o cumprimento da obrigação exequenda.

4 – A notificação da decisão de proceder à execução pode ser feita conjuntamente com a notificação do ato administrativo exequendo.

ARTIGO 178º
Princípios aplicáveis

1 – Na execução dos atos administrativos, deve ser respeitado o princípio da proporcionalidade, designadamente utilizando os meios que, garantindo a realização integral dos seus objetivos, envolvam menor prejuízo para os direitos e interesses dos particulares.

2 – A coação direta sobre indivíduos, quando permitida por lei, só pode ser exercida com observância dos direitos fundamentais e no respeito pela dignidade da pessoa humana.

ARTIGO 179º
Execução de obrigações pecuniárias

1 – Quando, por força de um ato administrativo, devam ser pagas prestações pecuniárias a uma pessoa coletiva pública, ou por ordem desta, segue-se, na falta de pagamento voluntário no prazo fixado, o processo de execução fiscal, tal como regulado na legislação do processo tributário.

2 – Para efeitos do disposto no número anterior, o órgão competente emite, nos termos legais, uma certidão com valor de título executivo, que remete ao competente serviço da Administração tributária, juntamente com o processo administrativo.

3 – Nos casos em que, nos termos da lei, a Administração proceda, diretamente ou por intermédio de terceiro, à execução coerciva de prestações de facto fungível, o procedimento previsto no presente artigo pode ser sempre utilizado para obter o ressarcimento das despesas efetuadas.

ARTIGO 180º
Execução para entrega de coisa certa

Se o obrigado não fizer a entrega da coisa devida, o órgão competente procede às diligências que forem necessárias para tomar posse administrativa da mesma.

ARTIGO 181º
Execução para prestação de facto

Se o obrigado não cumprir prestação de facto fungível dentro do prazo fixado, o órgão competente pode determinar que a execução seja realizada diretamente ou por intermédio de terceiro, ficando, neste caso, todas as despesas, incluindo indemnizações e sanções pecuniárias, por conta do obrigado.

ARTIGO 182º
Garantias dos executados

1 – Os executados podem impugnar administrativa e contenciosamente o ato exequendo e, por vícios próprios, a decisão de proceder à execução administrativa ou outros atos administrativos praticados no âmbito do procedimento de execução, assim como requerer a suspensão contenciosa dos respetivos efeitos.

2 – Sem prejuízo da aplicabilidade das garantias previstas na lei processual tributária, durante a tramitação dos procedimentos de execução de obrigações pecuniárias não são admitidos embargos, administrativos ou judiciais, em relação à execução coerciva de atos administrativos.

3 – Os executados podem propor ações administrativas comuns e requerer providências cautelares para prevenir a adoção de operações materiais de execução ou promover a remoção das respetivas consequências, quando tais operações sejam ilegais, por serem adotadas:

a) Em cumprimento de decisão nula de proceder à execução, por violação do disposto no nº 1 do artigo 177º;

b) Sem que tenha sido emitida e ou notificada ao executado a decisão de proceder à execução;

c) Em desconformidade com o conteúdo e termos determinados na decisão de proceder à execução ou com os princípios consagrados no artigo 178º

ARTIGO 183º
Execução pela via jurisdicional

Sempre que, nos termos do presente Código e demais legislação aplicável, a satisfação de obrigações ou o respeito por limitações decorrentes de atos administrativos não possa ser imposto coercivamente pela Administração, esta pode solicitar a respetiva execução ao tribunal administrativo competente, nos termos do disposto na lei processual administrativa.

SECÇÃO VI
Da reclamação e dos recursos administrativos

SUBSECÇÃO I
Regime geral

ARTIGO 184º
Princípio geral

1 – Os interessados têm o direito de:

a) Impugnar os atos administrativos perante a Administração Pública, solicitando a sua revogação, anulação, modificação ou substituição;
b) Reagir contra a omissão ilegal de atos administrativos, em incumprimento do dever de decisão solicitando a emissão do ato pretendido.

2 – Os direitos reconhecidos no número anterior podem ser exercidos, consoante os casos, mediante reclamação ou recurso, nos termos da presente secção.
3 – As reclamações e os recursos são deduzidos por meio de requerimento, no qual o recorrente deve expor os fundamentos que invoca, podendo juntar os elementos probatórios que considere convenientes.

ARTIGO 185º
Natureza e fundamentos

1 – As reclamações e os recursos são necessários ou facultativos, conforme dependa, ou não, da sua prévia utilização a possibilidade de acesso aos meios contenciosos de impugnação ou condenação à prática de ato devido.

2 – As reclamações e os recursos têm caráter facultativo, salvo se a lei os denominar como necessários.

3 – Sempre que a lei não determine o contrário, as reclamações e os recursos de atos administrativos podem ter por fundamento a ilegalidade ou inconveniência do ato praticado.

ARTIGO 186º
Legitimidade

1 – Têm legitimidade para reclamar ou recorrer:

a) Os titulares de direitos subjetivos ou interesses legalmente protegidos que se considerem lesados pela prática ou omissão do ato administrativo;

b) As pessoas e entidades mencionadas nos nºs 2 a 4 do artigo 68º

2 – Não pode reclamar nem recorrer quem, sem reserva, tenha aceitado, expressa ou tacitamente, um ato administrativo depois de praticado.

ARTIGO 187º
Prazo em caso de omissão

As reclamações e recursos contra a omissão ilegal de atos administrativos podem ser apresentados no prazo de um ano.

ARTIGO 188º
Início dos prazos de impugnação

1 – O prazo da reclamação e dos recursos pelos interessados a quem o ato administrativo deva ser notificado só corre a partir da data da notificação, ainda que o ato tenha sido objeto de publicação obrigatória.

2 – O prazo da reclamação e dos recursos por quaisquer outros interessados dos atos que não tenham de ser obrigatoriamente publicados começa a correr do seguinte facto que primeiro se verifique:

a) Notificação;

b) Publicação;

c) Conhecimento do ato ou da sua execução.

3 – O prazo da reclamação e dos recursos contra a omissão ilegal de ato administrativo conta-se da data do incumprimento do dever de decisão.

ARTIGO 189º
Efeitos das impugnações de atos administrativos

1 – As impugnações administrativas necessárias de atos administrativos suspendem os respetivos efeitos.

2 – As impugnações facultativas não têm efeito suspensivo, salvo nos casos em que a lei disponha o contrário ou quando o autor do ato, oficiosamente ou a pedido do interessado, considere que a sua execução imediata causa prejuízos irreparáveis ou de difícil reparação ao destinatário e a suspensão não cause prejuízo de maior gravidade para o interesse público.

3 – A suspensão da execução pode ser pedida pelos interessados a qualquer momento, devendo a decisão ser tomada no prazo de cinco dias.

4 – Na apreciação do pedido, deve verificar-se se as provas revelam uma probabilidade séria de veracidade dos factos alegados pelos interessados, devendo ser decretada, em caso afirmativo, a suspensão da execução.

5 – O disposto nos nºs 2 a 4 não prejudica o pedido de suspensão de eficácia perante os tribunais administrativos, nos termos da legislação aplicável.

ARTIGO 190º
Efeitos sobre prazos

1 – A reclamação de atos ou omissões sujeitos a recurso administrativo necessário suspende o prazo da respetiva interposição.

2 – Nos demais casos, a reclamação não suspende o prazo de interposição dos recursos administrativos que no caso couberem.

3 – A utilização de meios de impugnação administrativa facultativos contra atos administrativos suspende o prazo de propositura de ações nos tribunais administrativos, que só retoma o seu curso com a notificação da decisão proferida sobre a impugnação administrativa ou com o decurso do respetivo prazo legal.

4 – A suspensão do prazo prevista no número anterior não impede o interessado de propor ações nos tribunais administrativos na pendência da impugnação administrativa, bem como de requerer a adoção de providências cautelares.

SUBSECÇÃO II
Da reclamação

ARTIGO 191º
Regime geral

1 – Salvo disposição legal em contrário, pode reclamar-se, para o autor, da prática ou omissão de qualquer ato administrativo.

2 – Não é possível reclamar-se de ato que decida anterior reclamação ou recurso administrativo, salvo com fundamento em omissão de pronúncia.

3 – Quando a lei não estabeleça prazo diferente, a reclamação deve ser apresentada no prazo de 15 dias.

ARTIGO 192º
Notificação dos contrainteressados e prazo para a decisão

1 – Apresentada a reclamação, o órgão competente para a decisão deve notificar aqueles que possam ser prejudicados pela sua procedência para alegarem, no prazo de 15 dias, o que tiverem por conveniente sobre o pedido e os seus fundamentos.

2 – O prazo para o órgão competente apreciar e decidir a reclamação é de 30 dias, podendo confirmar, revogar, anular, modificar ou substituir o ato reclamado, ou praticar o ato ilegalmente omitido.

3 – Quando a reclamação for necessária, o decurso do prazo referido no número anterior, sem que haja sido tomada uma decisão, confere ao interessado a possibilidade de utilizar o meio de tutela, administrativo ou contencioso, adequado para satisfação da sua pretensão.

SUBSECÇÃO III
Do recurso hierárquico

ARTIGO 193º
Regime geral

1 – Sempre que a lei não exclua tal possibilidade, o recurso hierárquico pode ser utilizado para:

a) Impugnar atos administrativos praticados por órgãos sujeitos aos poderes hierárquicos de outros órgãos;

b) Reagir contra a omissão ilegal de atos administrativos, por parte de órgãos sujeitos aos poderes hierárquicos de outros órgãos.

2 – Quando a lei não estabeleça prazo diferente, o recurso hierárquico necessário dos atos administrativos deve ser interposto no prazo de 30 dias e o recurso hierárquico facultativo, no prazo de impugnação contenciosa do ato em causa.

ARTIGO 194º
Interposição

1 – O recurso é dirigido ao mais elevado superior hierárquico do autor do ato ou da omissão, salvo se a competência para a decisão se encontrar delegada ou subdelegada.

2 – O requerimento de interposição do recurso é apresentado ao autor do ato ou da omissão ou à autoridade a quem seja dirigido, que, neste caso, o remete ao primeiro, no prazo de três dias.

ARTIGO 195º
Tramitação

1 – Recebido o requerimento, o autor do ato ou da omissão deve notificar aqueles que possam ser prejudicados pela sua procedência para alegarem, no prazo de 15 dias, o que tiverem por conveniente sobre o pedido e os seus fundamentos.

2 – No mesmo prazo referido no número anterior, ou no prazo de 30 dias, quando houver contrainteressados, deve o autor do ato ou da omissão pronunciar-se sobre o recurso e remetê-lo ao órgão competente para dele conhecer, notificando o recorrente da remessa do processo administrativo.

3 – Quando os contrainteressados não hajam deduzido oposição e os elementos constantes do processo demonstrem suficientemente a procedência do recurso, pode o autor do ato recorrido revogar, anular, modificar ou substituir o ato, informando da sua decisão o órgão competente para conhecer do recurso.

4 – Para efeitos do disposto no número anterior, o autor do ato recorrido não pode modificar ou substituir o ato recorrido em sentido menos favorável ao recorrente.

5 – O órgão responsável pelo incumprimento do dever de decisão pode praticar o ato ilegalmente omitido na pendência do recurso hierárquico, disso dando conhecimento ao órgão competente para conhecer do recurso e notificando o recorrente e os contrainteressados que hajam deduzido oposição.

6 – Na hipótese prevista no número anterior, o recorrente ou os contrainteressados podem requerer que o recurso prossiga contra o ato praticado, com a faculdade de alegação de novos fundamentos e da junção dos elementos probatórios que considerem pertinentes.

7 – O requerimento a que se refere o número anterior deve ser apresentado dentro do prazo previsto para a interposição de recurso hierárquico contra o ato praticado.

ARTIGO 196º
Rejeição do recurso

1 – O recurso deve ser rejeitado nos casos seguintes:

a) Quando o ato impugnado não seja suscetível de recurso;

b) Quando o recorrente careça de legitimidade;

c) Quando o recurso haja sido interposto fora do prazo;

d) Quando ocorra qualquer outra causa que obste ao conhecimento do recurso.

2 – Quando o recurso haja sido interposto para órgão incompetente, é aplicável o disposto no artigo 41º.

ARTIGO 197º
Decisão

1 – O órgão competente para conhecer do recurso pode, salvas as exceções previstas na lei, confirmar ou anular o ato recorrido e, se a competência do autor do ato recorrido não for exclusiva, pode também revogá-lo, modificá-lo ou substituí-lo, ainda que em sentido desfavorável ao recorrente.

2 – O órgão competente para conhecer do recurso não fica obrigado à proposta de pronúncia do autor do ato ou da omissão, e deve respeitar, na fundamentação da decisão que venha a tomar, quando não opte por aquela proposta, os requisitos previstos no artigo 153º

3 – O órgão competente para decidir o recurso pode, se for caso disso, anular, no todo ou em parte, o procedimento administrativo e determinar a realização de nova instrução ou de diligências complementares.

4 – No caso de ter havido incumprimento do dever de decisão, o órgão competente para decidir o recurso pode substituir-se ao órgão omisso na prática desse ato, se a competência não for exclusiva deste, ou ordenar a prática do ato ilegalmente omitido.

ARTIGO 198º
Prazo para a decisão

1 – Quando a lei não fixe prazo diferente, o recurso hierárquico deve ser decidido no prazo de 30 dias, a contar da data da remessa do processo ao órgão competente para dele conhecer.

2 – O prazo referido no número anterior é elevado até ao máximo de 90 dias, quando haja lugar à realização de nova instrução ou de diligências complementares.

3 – No âmbito do recurso hierárquico necessário, o superior hierárquico deve apreciar todas as questões suscitadas pelo recorrente, excetuadas aquelas cuja decisão esteja prejudicada pela solução dada a outras.

4 – O indeferimento do recurso hierárquico necessário ou o decurso dos prazos referidos nos nºs 1 e 2, sem que haja sido tomada uma decisão, conferem ao interessado a possibilidade de impugnar contenciosamente o ato do órgão subalterno ou de fazer valer o seu direito ao cumprimento, por aquele órgão, do dever de decisão.

SUBSECÇÃO IV
Dos recursos administrativos especiais

ARTIGO 199º
Regime

1 – Nos casos expressamente previstos na lei, há lugar a recursos administrativos:

a) Para órgão da mesma pessoa coletiva que exerça poderes de supervisão;

b) Para o órgão colegial, de atos ou omissões de qualquer dos seus membros, comissões ou secções;

c) Para órgão de outra pessoa coletiva que exerça poderes de tutela ou superintendência.

2 – Sem prejuízo dos recursos previstos no número anterior, pode ainda haver lugar, por expressa disposição legal, a recurso para o delegante ou subdelegante dos atos praticados pelo delegado ou subdelegado.

3 – O recurso tutelar previsto na alínea *c)* do nº 1 só pode ter por fundamento a inconveniência ou inoportunidade do ato ou da omissão nos casos em que a lei estabeleça uma tutela de mérito.

4 – No recurso tutelar, a modificação ou a substituição do ato recorrido ou omitido só é possível se a lei conferir poderes de tutela substitutiva e no âmbito destes.

5 – Aos recursos previstos no presente artigo são aplicáveis as disposições reguladoras do recurso hierárquico, mas, quanto ao recurso tutelar, apenas na parte em que não contrariem a natureza própria deste e o respeito devido à autonomia da entidade tutelada.

CAPÍTULO III
Dos contratos da Administração Pública

ARTIGO 200º
Espécies de contratos

1 – Os órgãos da Administração Pública podem celebrar contratos administrativos, sujeitos a um regime substantivo de direito administrativo, ou contratos submetidos a um regime de direito privado.

2 – São contratos administrativos os que como tal são classificados no Código dos Contratos Públicos ou em legislação especial.

3 – Na prossecução das suas atribuições ou dos seus fins, os órgãos da Administração Pública podem celebrar quaisquer contratos administrativos, salvo se outra coisa resultar da lei ou da natureza das relações a estabelecer.

ARTIGO 201º
Procedimentos pré-contratuais

1 – A formação dos contratos cujo objeto abranja prestações que estejam, ou sejam suscetíveis de estar, submetidas à concorrência de mercado, encon-

tra-se sujeita ao regime estabelecido no Código dos Contratos Públicos ou em lei especial.

2 – À formação dos contratos a que se refere o número anterior são especialmente aplicáveis os princípios da transparência, da igualdade e da concorrência.

3 – Na ausência de lei própria, aplica-se à formação dos contratos administrativos o regime geral do procedimento administrativo estatuído pelo presente Código, com as necessárias adaptações.

ARTIGO 202º
Regime substantivo

1 – As relações contratuais administrativas são regidas pelo Código dos Contratos Públicos ou por lei especial, sem prejuízo da aplicação subsidiária daquele quando os tipos dos contratos não afastem as razões justificativas da disciplina em causa.

2 – No âmbito dos contratos sujeitos a um regime de direito privado são aplicáveis aos órgãos da Administração Pública as disposições do presente Código que concretizam preceitos constitucionais e os princípios gerais da atividade administrativa.

Legislação Complementar

Regime da Responsabilidade Civil Extracontratual do Estado e Demais Entidades Públicas

Lei nº 67/2007, de 31 de dezembro

A Assembleia da República decreta, nos termos da alínea *c*) do artigo 161º da Constituição, o seguinte:

ARTIGO 1º
Aprovação

É aprovado o Regime da Responsabilidade Civil Extracontratual do Estado e Demais Entidades Públicas, que se publica em anexo à presente lei e que dela faz parte integrante.

ARTIGO 2º
Regimes especiais

1 – O disposto na presente lei salvaguarda os regimes especiais de responsabilidade civil por danos decorrentes do exercício da função administrativa.

2 – A presente lei prevalece sobre qualquer remissão legal para o regime de responsabilidade civil extracontratual de direito privado aplicável a pessoas colectivas de direito público.

ARTIGO 3º
Pagamento de indemnizações

1 – Quando haja lugar ao pagamento de indemnizações devidas por pessoas colectivas pertencentes à administração indirecta do Estado ou à administração autónoma e a competente sentença judicial não seja espontaneamente executada no prazo máximo de 30 dias, o crédito indemnizatório só pode ser satisfeito por conta da dotação orçamental inscrita à ordem do Conselho Superior dos Tribunais Administrativos e Fiscais (CSTAF) a título subsidiário quando, através da aplicação do regime da execução para pagamento de quantia certa regulado na lei processual civil, não tenha sido possível obter o respectivo pagamento junto da entidade responsável.

2 – O disposto no número anterior não prejudica a possibilidade de o interessado solicitar directamente a compensação do seu crédito com eventuais dívidas que o onerem para com a mesma pessoa colectiva, nos termos do artigo 170º do Código de Processo nos Tribunais Administrativos, sem necessidade de solicitar previamente a satisfação do seu crédito indemnizatório através da aplicação do regime da execução para pagamento de quantia certa previsto na lei processual civil.

3 – Nas situações previstas no nº 1, caso se mostrem esgotadas as providências de execução para pagamento de quantia certa previstas na lei processual civil sem que tenha sido possível obter o respectivo pagamento através da entidade responsável, a secretaria do tribunal notifica imediatamente o CSTAF para que emita a ordem de pagamento da indemnização, independentemente de despacho judicial e de tal ter sido solicitado, a título subsidiário, na petição de execução.

4 – Quando ocorra a satisfação do crédito indemnizatório por via do Orçamento do Estado, nos termos do nº 1, o Estado goza de direito de regresso, incluindo juros de mora, sobre a entidade responsável, a exercer mediante uma das seguintes formas:

a) Desconto nas transferências a efectuar para a entidade em causa no Orçamento do Estado do ano seguinte;

b) Tratando-se de entidade pertencente à Administração indirecta do Estado, inscrição oficiosa no respectivo orçamento privativo pelo órgão tutelar ao qual caiba a aprovação do orçamento; ou

c) Acção de regresso a intentar no tribunal competente.

ARTIGO 4º
Sexta alteração ao Estatuto do Ministério Público

O artigo 77º do Estatuto do Ministério Público (Lei nº 47/86, de 15 de Outubro, rectificada no *Diário da República,* 1.ª série, nº 263, de 14 de Novembro de 1986, e alterada pelas Leis n.os 2/90, de 20 de Janeiro, 23/92, de 20 de Agosto, 33-A, de 26 de Agosto, 60/98, de 27 de Agosto, e 42/2005, de 29 de Agosto), passa a ter a seguinte redacção:

«ARTIGO 77º
[...]

Fora dos casos em que a falta constitua crime, a responsabilidade civil apenas pode ser efectivada, mediante acção de regresso do Estado, em caso de dolo ou culpa grave.»

ARTIGO 5
Norma revogatória

São revogados o Decreto-Lei nº 48 051, de 21 de Novembro de 1967, e os artigos 96º e 97º da Lei nº 169/99, de 18 de Setembro, na redacção da Lei nº 5-A/2002, de 11 de Janeiro.

ARTIGO 6º
Entrada em vigor

A presente lei entra em vigor no prazo de 30 dias após a data da sua publicação.

Aprovada em 18 de Outubro de 2007.

O Presidente da Assembleia da República, *Jaime Gama.*

Promulgada em 10 de Dezembro de 2007. Publique-se.

O Presidente da República, ANÍBAL CAVACO SILVA. Referendada em 10 de Dezembro de 2007.

O Primeiro-Ministro, *José Sócrates Carvalho Pinto de Sousa.*

Regime da Responsabilidade Civil Extracontratual do Estado e Demais Entidades Públicas

CAPÍTULO I
Disposições gerais

ARTIGO 1º
Âmbito de aplicação

1 – A responsabilidade civil extracontratual do Estado e das demais pessoas colectivas de direito público por danos resultantes do exercício da função legislativa, jurisdicional e administrativa rege-se pelo disposto na presente lei, em tudo o que não esteja previsto em lei especial.

2 – Para os efeitos do disposto no número anterior, correspondem ao exercício da função administrativa as acções e omissões adoptadas no exercício de prerrogativas de poder público ou reguladas por disposições ou princípios de direito administrativo.

3 – Sem prejuízo do disposto em lei especial, a presente lei regula também a responsabilidade civil dos titulares de órgãos, funcionários e agentes públicos por danos decorrentes de acções ou omissões adoptadas no exercício das funções administrativa e jurisdicional e por causa desse exercício.

4 – As disposições da presente lei são ainda aplicáveis à responsabilidade civil dos demais trabalhadores ao serviço das entidades abrangidas, conside-

rando-se extensivas a estes as referências feitas aos titulares de órgãos, funcionários e agentes.

5 – As disposições que, na presente lei, regulam a responsabilidade das pessoas colectivas de direito público, bem como dos titulares dos seus órgãos, funcionários e agentes, por danos decorrentes do exercício da função administrativa, são também aplicáveis à responsabilidade civil de pessoas colectivas de direito privado e respectivos trabalhadores, titulares de órgãos sociais, representantes legais ou auxiliares, por acções ou omissões que adoptem no exercício de prerrogativas de poder público ou que sejam reguladas por disposições ou princípios de direito administrativo.

ARTIGO 2º
Danos ou encargos especiais e anormais

Para os efeitos do disposto na presente lei, consideram-se especiais os danos ou encargos que incidam sobre uma pessoa ou um grupo, sem afectarem a generalidade das pessoas, e anormais os que, ultrapassando os custos próprios da vida em sociedade, mereçam, pela sua gravidade, a tutela do direito.

ARTIGO 3º
Obrigação de indemnizar

1 – Quem esteja obrigado a reparar um dano, segundo o disposto na presente lei, deve reconstituir a situação que existiria se não se tivesse verificado o evento que obriga à reparação.

2 – A indemnização é fixada em dinheiro quando a reconstituição natural não seja possível, não repare integralmente os danos ou seja excessivamente onerosa.

3 – A responsabilidade prevista na presente lei compreende os danos patrimoniais e não patrimoniais, bem como os danos já produzidos e os danos futuros, nos termos gerais de direito.

ARTIGO 4º
Culpa do lesado

Quando o comportamento culposo do lesado tenha concorrido para a produção ou agravamento dos danos causados, designadamente por não ter utilizado a via processual adequada à eliminação do acto jurídico lesivo, cabe ao tribunal determinar, com base na gravidade das culpas de ambas as partes e nas consequências que delas tenham resultado, se a indemnização deve ser totalmente concedida, reduzida ou mesmo excluída.

ARTIGO 5º
Prescrição

O direito à indemnização por responsabilidade civil extracontratual do Estado, das demais pessoas colectivas de direito público e dos titulares dos respectivos órgãos, funcionários e agentes bem como o direito de regresso prescrevem nos termos do artigo 498º do Código Civil, sendo-lhes aplicável o disposto no mesmo Código em matéria de suspensão e interrupção da prescrição.

ARTIGO 6º
Direito de regresso

1 – O exercício do direito de regresso, nos casos em que este se encontra previsto na presente lei, é obrigatório, sem prejuízo do procedimento disciplinar a que haja lugar.

2 – Para os efeitos do disposto no número anterior, a secretaria do tribunal que tenha condenado a pessoa colectiva remete certidão da sentença, logo após o trânsito em julgado, à entidade ou às entidades competentes para o exercício do direito de regresso.

CAPÍTULO II
Responsabilidade civil por danos decorrentes do exercício da função administrativa

SECÇÃO I
Responsabilidade por facto ilícito

ARTIGO 7º
Responsabilidade exclusiva do Estado e demais pessoas colectivas de direito público

1 – O Estado e as demais pessoas colectivas de direito público são exclusivamente responsáveis pelos danos que resultem de acções ou omissões ilíci-

tas, cometidas com culpa leve, pelos titulares dos seus órgãos, funcionários ou agentes, no exercício da função administrativa e por causa desse exercício.

2 – É concedida indemnização às pessoas lesadas por violação de norma ocorrida no âmbito de procedimento de formação dos contratos referidos no artigo 100º do Código de Processo nos Tribunais Administrativos, de acordo com os requisitos da responsabilidade civil extracontratual definidos pelo direito comunitário.

3 – O Estado e as demais pessoas colectivas de direito público são ainda responsáveis quando os danos não tenham resultado do comportamento concreto de um titular de órgão, funcionário ou agente determinado, ou não seja possível provar a autoria pessoal da acção ou omissão, mas devam ser atribuídos a um funcionamento anormal do serviço.

4 – Existe funcionamento anormal do serviço quando, atendendo às circunstâncias e a padrões médios de resultado, fosse razoavelmente exigível ao serviço uma actuação susceptível de evitar os danos produzidos.

(Redação dada pela Lei nº 31/2008, de 17-06)

ARTIGO 8º
Responsabilidade solidária em caso de dolo ou culpa grave

1 – Os titulares de órgãos, funcionários e agentes são responsáveis pelos danos que resultem de acções ou omissões ilícitas, por eles cometidas com dolo ou com diligência e zelo manifestamente inferiores àqueles a que se encontravam obrigados em razão do cargo.

2 – O Estado e as demais pessoas colectivas de direito público são responsáveis de forma solidária com os respectivos titulares de órgãos, funcionários e agentes, se as acções ou omissões referidas no número anterior tiverem sido cometidas por estes no exercício das suas funções e por causa desse exercício.

3 – Sempre que satisfaçam qualquer indemnização nos termos do número anterior, o Estado e as demais pessoas colectivas de direito público gozam de direito de regresso contra os titulares de órgãos, funcionários ou agentes responsáveis, competindo aos titulares de poderes de direcção, de supervisão, de superintendência ou de tutela adoptar as providências necessárias à efectivação daquele direito, sem prejuízo do eventual procedimento disciplinar.

4 – Sempre que, nos termos do nº 2 do artigo 10º, o Estado ou uma pessoa colectiva de direito público seja condenado em responsabilidade civil fundada no comportamento ilícito adoptado por um titular de órgão, funcionário ou agente, sem que tenha sido apurado o grau de culpa do titular de órgão, funcionário ou agente envolvido, a respectiva acção judicial prossegue nos próprios autos, entre a pessoa colectiva de direito público e o titular de órgão, funcionário ou agente, para apuramento do grau de culpa deste e, em função disso, do eventual exercício do direito de regresso por parte daquela.

ARTIGO 9º
Ilicitude

1 – Consideram-se ilícitas as acções ou omissões dos titulares de órgãos, funcionários e agentes que violem disposições ou princípios constitucionais, legais ou regulamentares ou infrinjam regras de ordem técnica ou deveres objectivos de cuidado e de que resulte a ofensa de direitos ou interesses legalmente protegidos.

2 – Também existe ilicitude quando a ofensa de direitos ou interesses legalmente protegidos resulte do funcionamento anormal do serviço, segundo o disposto no nº 3 do artigo 7º.

ARTIGO 10º
Culpa

1 – A culpa dos titulares de órgãos, funcionários e agentes deve ser apreciada pela diligência e aptidão que seja razoável exigir, em função das circunstâncias de cada caso, de um titular de órgão, funcionário ou agente zeloso e cumpridor.

2 – Sem prejuízo da demonstração de dolo ou culpa grave, presume-se a existência de culpa leve na prática de actos jurídicos ilícitos.

3 – Para além dos demais casos previstos na lei, também se presume a culpa leve, por aplicação dos princípios gerais da responsabilidade civil, sempre que tenha havido incumprimento de deveres de vigilância.

4 – Quando haja pluralidade de responsáveis, é aplicável o disposto no artigo 497º do Código Civil.

SECÇÃO II
Responsabilidade pelo risco

ARTIGO 11º
Responsabilidade pelo risco

1 – O Estado e as demais pessoas colectivas de direito público respondem pelos danos decorrentes de actividades, coisas ou serviços administrativos especialmente perigosos, salvo quando, nos termos gerais, se prove que houve força maior ou concorrência de culpa do lesado, podendo o tribunal, neste último caso, tendo em conta todas as circunstâncias, reduzir ou excluir a indemnização.

2 – Quando um facto culposo de terceiro tenha concorrido para a produção ou agravamento dos danos, o Estado e as demais pessoas colectivas de direito público respondem solidariamente com o terceiro, sem prejuízo do direito de regresso.

CAPÍTULO III
Responsabilidade civil por danos decorrentes do exercício da função jurisdicional

ARTIGO 12º
Regime geral

Salvo o disposto nos artigos seguintes, é aplicável aos danos ilicitamente causados pela administração da justiça, designadamente por violação do direito a uma decisão judicial em prazo razoável, o regime da responsabilidade por factos ilícitos cometidos no exercício da função administrativa.

ARTIGO 13º
Responsabilidade por erro judiciário

1 – Sem prejuízo do regime especial aplicável aos casos de sentença penal condenatória injusta e de privação injustificada da liberdade, o Estado é civilmente responsável pelos danos decorrentes de decisões jurisdicionais manifestamente inconstitucionais ou ilegais ou injustificadas por erro grosseiro na apreciação dos respectivos pressupostos de facto.

2 – O pedido de indemnização deve ser fundado na prévia revogação da decisão danosa pela jurisdição competente.

ARTIGO 14º
Responsabilidade dos magistrados

1 – Sem prejuízo da responsabilidade criminal em que possam incorrer, os magistrados judiciais e do Ministério Público não podem ser directamente responsabilizados pelos danos decorrentes dos actos que pratiquem no exercício das respectivas funções, mas, quando tenham agido com dolo ou culpa grave, o Estado goza de direito de regresso contra eles.

2 – A decisão de exercer o direito de regresso sobre os magistrados cabe ao órgão competente para o exercício do poder disciplinar, a título oficioso ou por iniciativa do Ministro da Justiça.

CAPÍTULO IV
Responsabilidade civil por danos decorrentes do exercício da função político-legislativa

ARTIGO 15º
Responsabilidade no exercício da função político-legislativa

1 – O Estado e as regiões autónomas são civilmente responsáveis pelos danos anormais causados aos direitos ou interesses legalmente protegidos dos cidadãos por actos que, no exercício da função político-legislativa, pratiquem, em desconformidade com a Constituição, o direito internacional, o direito comunitário ou acto legislativo de valor reforçado.

2 – A decisão do tribunal que se pronuncie sobre a inconstitucionalidade ou ilegalidade de norma jurídica ou sobre a sua desconformidade com convenção internacional, para efeitos do número anterior, equivale, para os devidos efeitos legais, a decisão de recusa de aplicação ou a decisão de aplicação de norma cuja inconstitucionalidade, ilegalidade ou desconformidade com convenção internacional haja sido suscitada durante o processo, consoante o caso.

3 – O Estado e as regiões autónomas são também civilmente responsáveis pelos danos anormais que, para os direitos ou interesses legalmente protegidos dos cidadãos, resultem da omissão de providências legislativas necessárias para tornar exequíveis normas constitucionais.

4 – A existência e a extensão da responsabilidade prevista nos números anteriores são determinadas atendendo às circunstâncias concretas de cada

caso e, designadamente, ao grau de clareza e precisão da norma violada, ao tipo de inconstitucionalidade e ao facto de terem sido adoptadas ou omitidas diligências susceptíveis de evitar a situação de ilicitude.

5 – A constituição em responsabilidade fundada na omissão de providências legislativas necessárias para tornar exequíveis normas constitucionais depende da prévia verificação de inconstitucionalidade por omissão pelo Tribunal Constitucional.

6 – Quando os lesados forem em tal número que, por razões de interesse público de excepcional relevo, se justifique a limitação do âmbito da obrigação de indemnizar, esta pode ser fixada equitativamente em montante inferior ao que corresponderia à reparação integral dos danos causados.

CAPÍTULO V
Indemnização pelo sacrifício

ARTIGO 16º
Indemnização pelo sacrifício

O Estado e as demais pessoas colectivas de direito público indemnizam os particulares a quem, por razões de interesse público, imponham encargos ou causem danos especiais e anormais, devendo, para o cálculo da indemnização, atender-se, designadamente, ao grau de afectação do conteúdo substancial do direito ou interesse violado ou sacrificado.

Regime de Acesso à Informação Administrativa e Ambiental e de Reutilização dos Documentos Administrativos

Lei nº 26/2016, de 22 de agosto

A Assembleia da República decreta, nos termos da alínea *c)* do artigo 161º da Constituição, o seguinte:

CAPÍTULO I
Disposições gerais

ARTIGO 1º
Objeto

1 – A presente lei regula o acesso aos documentos administrativos e à informação administrativa, incluindo em matéria ambiental, transpondo para a ordem jurídica interna a Diretiva 2003/4/CE, do Parlamento Europeu e do Conselho, de 28 de janeiro de 2003, relativa ao acesso do público às informações sobre ambiente e que revoga a Diretiva 90/313/CEE do Conselho.

2 – A presente lei regula ainda a reutilização de documentos relativos a atividades desenvolvidas pelos órgãos e entidades referidas no artigo 4º, transpondo para a ordem jurídica interna a Diretiva 2003/98/CE, do Parlamento Europeu e do Conselho, de 17 de novembro de 2003, relativa à reutilização

de informações do setor público, alterada pela Diretiva 2013/37/UE, do Parlamento Europeu e do Conselho, de 26 de junho de 2013.

3 – O acesso a informação e a documentos nominativos, nomeadamente quando incluam dados de saúde, produzidos ou detidos pelos órgãos ou entidades referidos no artigo 4º, quando efetuado pelo titular dos dados, por terceiro autorizado pelo titular ou por quem demonstre ser titular de um interesse direto, pessoal, legítimo e constitucionalmente protegido na informação, rege-se pela presente lei, sem prejuízo do regime legal de proteção de dados pessoais.

4 – A presente lei não prejudica a aplicação do disposto em legislação específica, designadamente quanto:

a) Ao regime de exercício do direito dos cidadãos a serem informados pela Administração Pública sobre o andamento dos processos em que sejam diretamente interessados e a conhecer as resoluções definitivas que sobre eles forem tomadas, que se rege pelo Código do Procedimento Administrativo;

b) Ao acesso a informação e a documentos relativos à segurança interna e externa e à investigação criminal, ou à instrução tendente a aferir a responsabilidade contraordenacional, financeira, disciplinar ou meramente administrativa, que se rege por legislação própria;

c) Ao acesso a documentos notariais e registrais, a documentos de identificação civil e criminal, a informação e documentação constantes do recenseamento eleitoral, bem como ao acesso a documentos objeto de outros sistemas de informação regulados por legislação especial;

d) Ao acesso a informação e documentos abrangidos pelo segredo de justiça, segredo fiscal, segredo estatístico, segredo bancário, segredo médico e demais segredos profissionais, bem como a documentos na posse de inspeções-gerais e de outras entidades, quando digam respeito a matérias de que resulte responsabilidade financeira, disciplinar ou meramente administrativa, desde que o procedimento esteja sujeito a regime de segredo, nos termos da lei aplicável.

ARTIGO 2º
Princípio da administração aberta

1 – O acesso e a reutilização da informação administrativa são assegurados de acordo com os demais princípios da atividade administrativa, designadamente os princípios da igualdade, da proporcionalidade, da justiça, da imparcialidade e da colaboração com os particulares.

2 – A informação pública relevante para garantir a transparência da atividade administrativa, designadamente a relacionada com o funcionamento e controlo da atividade pública, é divulgada ativamente, de forma periódica e atualizada, pelos respetivos órgãos e entidades.

3 – Na divulgação de informação e na disponibilização de informação para reutilização através da *Internet* deve assegurar-se a sua compreensibilidade, o acesso livre e universal, bem como a acessibilidade, a interoperabilidade, a qualidade, a integridade e a autenticidade dos dados publicados e ainda a sua identificação e localização.

ARTIGO 3º
Definições

1 – Para efeitos da presente lei, considera-se:

a) «Documento administrativo» qualquer conteúdo, ou parte desse conteúdo, que esteja na posse ou seja detido em nome dos órgãos e entidades referidas no artigo seguinte, seja o suporte de informação sob forma escrita, visual, sonora, eletrónica ou outra forma material, neles se incluindo, designadamente, aqueles relativos a;

i) Procedimentos de emissão de atos e regulamentos administrativos;
ii) Procedimentos de contratação pública, incluindo os contratos celebrados;
iii) Gestão orçamental e financeira dos órgãos e entidades;
iv) Gestão de recursos humanos, nomeadamente os dos procedimentos de recrutamento, avaliação, exercício do poder disciplinar e quaisquer modificações das respetivas relações jurídicas.

b) «Documento nominativo» o documento administrativo que contenha dados pessoais, definidos nos termos do regime legal de proteção de dados pessoais;

c) «Formato aberto» um formato de ficheiro disponibilizado ao público e reutilizável independentemente da plataforma utilizada, nos termos do regime jurídico que regula a adoção de normas abertas para a informação em suporte digital na Administração Pública;

d) «Formato legível por máquina» um formato de ficheiro estruturado de modo a ser possível, por meio de aplicações de *software*, nele identificar, reconhecer e extrair dados específicos, incluindo declarações de facto, bem como a sua estrutura interna;

e) «Informação ambiental» quaisquer informações de natureza administrativa, sob forma escrita, visual, sonora, eletrónica ou outra forma material, relativas:

i) Ao estado dos elementos do ambiente, como o ar e a atmosfera, a água, o solo, a terra, a paisagem e as áreas de interesse natural, incluindo as zonas húmidas, as zonas litorais e marinhas, a diversidade biológica e seus componentes, incluindo os organismos geneticamente modificados, e a interação entre esses elementos;

ii) A fatores como as substâncias, a energia, o ruído, as radiações ou os resíduos, incluindo os resíduos radioativos, emissões, descargas e outras libertações para o ambiente, que afetem ou possam afetar os elementos do ambiente referidos na alínea anterior;

iii) A medidas políticas, legislativas e administrativas, designadamente planos, programas, acordos ambientais e ações que afetem ou possam afetar os elementos ou fatores referidos nas subalíneas anteriores, bem como medidas ou ações destinadas à sua proteção;

iv) A relatórios sobre a implementação da legislação ambiental;

v) A análises custo-benefício e outras avaliações e cenários económicos utilizados no âmbito das medidas e atividades, em matéria ambiental, referidas na subalínea iii);

vi) Ao estado da saúde e à segurança das pessoas, incluindo designadamente a contaminação da cadeia alimentar, as condições de vida, os locais de interesse cultural e construções, na medida em que sejam ou possam ser afetados pelo estado dos elementos referidos na subalínea i), ou, através desses elementos, pelos fatores ou medidas referidas nas subalíneas *ii)* e iii);

f) «Norma formal aberta» uma norma estabelecida em forma escrita, que pormenoriza especificações no que diz respeito aos requisitos para assegurar a interoperabilidade de *software*;

g) «Reutilização» a utilização, por pessoas singulares ou coletivas, de documentos administrativos, para fins comerciais ou não comerciais diferentes do fim inicial de serviço público para o qual os documentos foram produzidos.

2 – Não se consideram documentos administrativos, para efeitos da presente lei:

a) As notas pessoais, esboços, apontamentos, comunicações eletrónicas pessoais e outros registos de natureza semelhante, qualquer que seja o seu suporte;
b) Os documentos cuja elaboração não releve da atividade administrativa, designadamente aqueles referentes à reunião do Conselho de Ministros e ou à reunião de Secretários de Estado, bem como à sua preparação;
c) Os documentos produzidos no âmbito das relações diplomáticas do Estado português.

ARTIGO 4º
Âmbito de aplicação subjetivo

1 – A presente lei aplica-se aos seguintes órgãos e entidades:

a) Órgãos de soberania e os órgãos do Estado e das regiões autónomas que integrem a Administração Pública;
b) Demais órgãos do Estado e das regiões autónomas, na medida em que exerçam funções materialmente administrativas;
c) Órgãos dos institutos públicos, das entidades administrativas independentes e das associações e fundações públicas;
d) Órgãos das empresas públicas;
e) Órgãos das autarquias locais, das entidades intermunicipais e de quaisquer outras associações e federações públicas locais;
f) Órgãos das empresas regionais, municipais, intermunicipais ou metropolitanas, bem como de quaisquer outras empresas locais ou serviços municipalizados públicos;
g) Associações ou fundações de direito privado nas quais os órgãos e entidades previstas no presente número exerçam poderes de controlo de gestão ou designem, direta ou indiretamente, a maioria dos titulares do órgão de administração, de direção ou de fiscalização;
h) Outras entidades responsáveis pela gestão de arquivos com caráter público;
i) Outras entidades no exercício de funções materialmente administrativas ou de poderes públicos, nomeadamente as que são titulares de concessões ou de delegações de serviços públicos.

2 – As disposições da presente lei são ainda aplicáveis aos documentos detidos ou elaborados por quaisquer entidades dotadas de personalidade jurídica que tenham sido criadas para satisfazer de um modo específico necessidades de interesse geral, sem caráter industrial ou comercial, e em relação às quais se verifique uma das seguintes circunstâncias:

a) A respetiva atividade seja maioritariamente financiada por alguma das entidades referidas no número anterior ou no presente número;
b) A respetiva gestão esteja sujeita a um controlo por parte de alguma das entidades referidas no número anterior ou no presente número;
c) Os respetivos órgãos de administração, de direção ou de fiscalização sejam compostos, em mais de metade, por membros designados por alguma das entidades referidas no número anterior ou no presente número.

3 – Ainda que já não integrem o seu âmbito de aplicação subjetivo, a presente lei aplica-se ainda às entidades que preencheram os requisitos referidos nos números anteriores em momento anterior, relativamente aos documentos correspondentes a esse período.

4 – As disposições relativas ao acesso a informação ambiental aplicam-se ainda a:

a) Qualquer pessoa singular ou coletiva, de natureza pública ou privada, que pertença à administração indireta dos órgãos ou entidades referidas nos números anteriores e que tenha atribuições ou competências, exerça funções administrativas públicas ou preste serviços públicos relacionados com o ambiente, nomeadamente entidades públicas empresariais, empresas participadas e empresas concessionárias;
b) Qualquer pessoa singular ou coletiva que detenha ou materialmente mantenha informação ambiental em nome ou por conta de qualquer dos órgãos ou entidades referidas nos números anteriores.

ARTIGO 5º
Direito de acesso

1 – Todos, sem necessidade de enunciar qualquer interesse, têm direito de acesso aos documentos administrativos, o qual compreende os direitos de consulta, de reprodução e de informação sobre a sua existência e conteúdo.

2 – O direito de acesso realiza-se independentemente da integração dos documentos administrativos em arquivo corrente, intermédio ou definitivo.

ARTIGO 6º
Restrições ao direito de acesso

1 – Os documentos que contenham informações cujo conhecimento seja avaliado como podendo pôr em risco interesses fundamentais do Estado ficam sujeitos a interdição de acesso ou a acesso sob autorização, durante o tempo estritamente necessário, através de classificação operada através do regime do segredo de Estado ou por outros regimes legais relativos à informação classificada.

2 – Os documentos protegidos por direitos de autor ou direitos conexos, designadamente os que se encontrem na posse de museus, bibliotecas e arquivos, bem como os documentos que revelem segredo relativo à propriedade literária, artística, industrial ou científica, são acessíveis, sem prejuízo da aplicabilidade das restrições resultantes do Código do Direito de Autor e dos Direitos Conexos e do Código da Propriedade Industrial e demais legislação aplicável à proteção da propriedade intelectual.

3 – O acesso aos documentos administrativos preparatórios de uma decisão ou constantes de processos não concluídos pode ser diferido até à tomada de decisão, ao arquivamento do processo ou ao decurso de um ano após a sua elaboração, consoante o evento que ocorra em primeiro lugar.

4 – O acesso ao conteúdo de auditorias, inspeções, inquéritos, sindicâncias ou averiguações pode ser diferido até ao decurso do prazo para instauração de procedimento disciplinar.

5 – Um terceiro só tem direito de acesso a documentos nominativos:

a) Se estiver munido de autorização escrita do titular dos dados que seja explícita e específica quanto à sua finalidade e quanto ao tipo de dados a que quer aceder;

b) Se demonstrar fundamentadamente ser titular de um interesse direto, pessoal, legítimo e constitucionalmente protegido suficientemente relevante, após ponderação, no quadro do princípio da proporcionalidade, de todos os direitos fundamentais em presença e do princípio da administração aberta, que justifique o acesso à informação.

6 – Um terceiro só tem direito de acesso a documentos administrativos que contenham segredos comerciais, industriais ou sobre a vida interna de uma empresa se estiver munido de autorização escrita desta ou demonstrar

fundamentadamente ser titular de um interesse direto, pessoal, legítimo e constitucionalmente protegido suficientemente relevante após ponderação, no quadro do princípio da proporcionalidade, de todos os direitos fundamentais em presença e do princípio da administração aberta, que justifique o acesso à informação.

7 – Sem prejuízo das demais restrições legalmente previstas, os documentos administrativos ficam sujeitos a interdição de acesso ou a acesso sob autorização, durante o tempo estritamente necessário à salvaguarda de outros interesses juridicamente relevantes, mediante decisão do órgão ou entidade competente, sempre que contenham informações cujo conhecimento seja suscetível de:

a) Afetar a eficácia da fiscalização ou supervisão, incluindo os planos, metodologias e estratégias de supervisão ou de fiscalização;

b) Colocar em causa a capacidade operacional ou a segurança das instalações ou do pessoal das Forças Armadas, dos serviços de informações da República Portuguesa, das forças e serviços de segurança e dos órgãos de polícia criminal, bem com a segurança das representações diplomáticas e consulares; ou

c) Causar danos graves e dificilmente reversíveis a bens ou interesses patrimoniais de terceiros que sejam superiores aos bens e interesses protegidos pelo direito de acesso à informação administrativa.

8 – Os documentos administrativos sujeitos a restrições de acesso são objeto de comunicação parcial sempre que seja possível expurgar a informação relativa à matéria reservada.

9 – Sem prejuízo das ponderações previstas nos números anteriores, nos pedidos de acesso a documentos nominativos que não contenham dados pessoais que revelem a origem étnica, as opiniões políticas, as convicções religiosas ou filosóficas, a filiação sindical, dados genéticos, biométricos ou relativos à saúde, ou dados relativos à intimidade da vida privada, à vida sexual ou à orientação sexual de uma pessoa, presume-se, na falta de outro indicado pelo requerente, que o pedido se fundamenta no direito de acesso a documentos administrativos.

(Redação dada pela Lei nº 58/2019, de 08-08)

ARTIGO 7º
Acesso e comunicação de dados de saúde

1 – O acesso à informação de saúde por parte do seu titular, ou de terceiros com o seu consentimento ou nos termos da lei, é exercido por intermédio de médico se o titular da informação o solicitar, com respeito pelo disposto na Lei nº 12/2005, de 26 de janeiro.

2 – Na impossibilidade de apuramento da vontade do titular quanto ao acesso, o mesmo é sempre realizado com intermediação de médico.

3 – No caso de acesso por terceiros mediante consentimento do titular dos dados, deve ser comunicada apenas a informação expressamente abrangida pelo instrumento de consentimento.

4 – Nos demais casos de acesso por terceiros, só pode ser transmitida a informação estritamente necessária à realização do interesse direto, pessoal, legítimo e constitucionalmente protegido que fundamenta o acesso.

ARTIGO 8º
Uso ilegítimo de informações

1 – Não é permitida a utilização ou reprodução de informações em violação de direitos de autor e direitos conexos ou de direitos de propriedade industrial.

2 – Os documentos nominativos comunicados a terceiros não podem ser utilizados ou reproduzidos de forma incompatível com a autorização concedida, com o fundamento do acesso, com a finalidade determinante da recolha ou com o instrumento de legalização, sob pena de responsabilidade por perdas e danos e responsabilidade criminal, nos termos legais.

ARTIGO 9º
Responsável pelo acesso

Cada órgão ou entidade referida no nº 1 do artigo 4º deve designar um responsável pelo cumprimento das disposições da presente lei, a quem compete nomeadamente organizar e promover as obrigações de divulgação ativa de informação a que está vinculado o órgão ou a entidade, acompanhar a tramitação dos pedidos de acesso e reutilização e estabelecer a articulação necessária ao exercício das competências da Comissão de Acesso aos Documentos Administrativos, doravante designada por CADA.

ARTIGO 10º
Divulgação ativa de informação

1 – Os órgãos e entidades a quem se aplica a presente lei publicitam nos seus sítios na *Internet*, de forma periódica e atualizada, no mínimo semestralmente:

a) Os documentos administrativos, dados ou listas que os inventariem que entendam disponibilizar livremente para acesso e reutilização nos termos da presente lei, sem prejuízo do regime legal de proteção de dados pessoais;
b) O endereço eletrónico, local e horário para consulta presencial, modelo de requerimento ou outro meio adequado através do qual podem ser remetidos os pedidos de acesso e reutilização da informação e documentos abrangidos pela presente lei;
c) A informação cujo conhecimento seja relevante para garantir a transparência da atividade relacionada com o seu funcionamento, pelo menos, a seguinte:

i) Planos de atividades, orçamentos, relatórios de atividades e contas, balanço social e outros instrumentos de gestão similares;
ii) Composição dos seus órgãos de direção e fiscalização, organograma ou outro modelo de orgânica interna;
iii) Todos os documentos, designadamente despachos normativos internos, circulares e orientações, que comportem enquadramento estratégico da atividade administrativa;
iv) A enunciação de todos os documentos que comportem interpretação generalizadora de direito positivo ou descrição genérica de procedimento administrativo, mencionando designadamente o seu título, matéria, data, origem e local onde podem ser consultados.

d) As regras e as condições de reutilização da informação aplicáveis em cada caso.

2 – A informação administrativa disponível nos sítios na *Internet* a que se refere o número anterior é indexada no sistema de pesquisa online de informação pública, nos termos do artigo 49º do Decreto-Lei nº 135/99, de 22 de abril, alterado pelos Decretos-Leis n.os 29/2000, de 13 de março, 72-A/2010, de 18 de junho, e 73/2014, de 13 de maio.

3 – A informação referida no presente artigo deve ser disponibilizada em formato aberto e em termos que permitam o acesso aos conteúdos de forma

não condicionada, privilegiando-se a disponibilização em formatos legíveis por máquina, que permitam o seu ulterior tratamento automatizado.

4 – A informação administrativa referida na alínea *c)* do nº 1 deve permanecer disponível durante dois anos ou, no caso das autarquias locais, pelo período correspondente à duração de cada mandato, excluindo o período de vigência, quando seja o caso, ou durante o tempo adequado à divulgação satisfatória dos seus conteúdos, se superior.

5 – A divulgação ativa da informação deve acautelar o respeito pelas restrições de acesso previstas na presente lei, devendo ter lugar a divulgação parcial sempre que seja possível expurgar a informação relativa à matéria reservada.

6 – A aplicação do disposto no presente artigo é facultativa para as freguesias com menos de 10 000 eleitores, com exceção do previsto na alínea *c)* do nº 1.

ARTIGO 11º
Divulgação ativa de informação relativa ao ambiente

1 – Os órgãos e entidades a quem se aplica a presente lei recolhem e organizam a informação ambiental no âmbito das suas atribuições e asseguram a sua divulgação ao público de forma sistemática e periódica, nomeadamente de forma eletrónica, devendo assegurar a sua disponibilização progressiva em bases de dados facilmente acessíveis através da *Internet*.

2 – A informação a que se refere o presente artigo deve ser atualizada no mínimo semestralmente, e incluir, pelo menos:

a) Textos de tratados, convenções ou acordos internacionais e da legislação nacional e europeia sobre ambiente ou com ele relacionada;

b) Políticas, planos e programas relativos ao ambiente;

c) Relatórios sobre a execução dos instrumentos referidos nas alíneas anteriores;

d) Um relatório nacional sobre o estado do ambiente, nos termos do número seguinte;

e) Dados ou resumos dos dados resultantes do controlo das atividades que afetam ou podem afetar o ambiente;

f) Licenças e autorizações com impacto significativo sobre o ambiente, acordos sobre ambiente ou referência ao local onde tais informações podem ser solicitadas ou obtidas;

g) Estudos de impacte ambiental e avaliações de risco relativas a elementos ambientais mencionados na subalínea *i)* da alínea *e)* do nº 1 do artigo 3º, ou referência ao local onde tais informações podem ser solicitadas ou obtidas.

3 – O relatório nacional sobre o estado do ambiente, cuja elaboração e publicação anual compete ao membro do Governo responsável pela área do ambiente, inclui informação sobre a qualidade do ambiente e as pressões sobre ele exercidas.

4 – Os órgãos e entidades públicas competentes devem garantir que, em caso de ameaça iminente para a saúde humana ou o ambiente, causada por ação humana ou por fenómenos naturais, sejam divulgadas imediatamente todas as informações ambientais que permitam às populações em risco tomar medidas para evitar ou reduzir os danos decorrentes dessa ameaça.

CAPÍTULO II
Exercício do direito de acesso e de reutilização dos documentos administrativos

SECÇÃO I
Direito de acesso

ARTIGO 12º
Pedido de acesso

1 – O acesso aos documentos administrativos deve ser solicitado por escrito, através de requerimento que contenha os elementos essenciais à identificação do requerente, designadamente o nome, dados de identificação pessoal ou coletiva, dados de contacto e assinatura.

2 – O modelo de requerimento de pedido de acesso deve ser disponibilizado pelas entidades no seu sítio na *Internet.*

3 – A entidade requerida pode também aceitar pedidos verbais, devendo fazê-lo nos casos em que a lei o determine expressamente.

4 – A apresentação de queixa à CADA, nos termos da presente lei, pressupõe pedido escrito de acesso ou, pelo menos, a formalização por escrito do indeferimento de pedido verbal.

5 – Aos órgãos e entidades a quem se aplica a presente lei incumbe prestar assistência ao público na identificação dos documentos e dados pretendidos,

nomeadamente informando sobre a forma de organização e utilização dos seus arquivos e registos, e publicando no seu sítio na *Internet* a forma, meio, local e horário, se aplicável, para efetuar o pedido de acesso.

6 – Se o pedido não for suficientemente preciso, a entidade requerida deve, no prazo de cinco dias a partir da data da sua receção, indicar ao requerente a deficiência e convidá-lo a supri-la em prazo fixado para o efeito, devendo procurar assisti-lo na sua formulação, ao fornecer designadamente informações sobre a utilização dos seus arquivos e registos.

ARTIGO 13º
Forma do acesso

1 – O acesso aos documentos administrativos exerce-se através dos seguintes meios, conforme opção do requerente:

a) Consulta gratuita, eletrónica ou efetuada presencialmente nos serviços que os detêm;

b) Reprodução por fotocópia ou por qualquer meio técnico, designadamente visual, sonoro ou eletrónico;

c) Certidão.

2 – Os documentos são transmitidos em forma inteligível e em termos rigorosamente correspondentes aos do conteúdo do registo.

3 – Quando houver risco de a reprodução causar dano ao documento, pode o requerente, a expensas suas e sob a direção do serviço detentor, promover a cópia manual ou a reprodução por outro meio que não prejudique a sua conservação.

4 – Os documentos informatizados são enviados por qualquer meio de transmissão eletrónica de dados, sempre que tal for possível e desde que se trate de meio adequado à inteligibilidade e fiabilidade do seu conteúdo, e em termos rigorosamente correspondentes ao do conteúdo do registo.

5 – A entidade requerida pode limitar-se a indicar a exata localização, na *Internet*, do documento requerido, salvo se o requerente demonstrar a impossibilidade de utilização dessa forma de acesso.

6 – A entidade requerida não tem o dever de criar ou adaptar documentos para satisfazer o pedido, nem a obrigação de fornecer extratos de documentos, caso isso envolva um esforço desproporcionado que ultrapasse a simples manipulação dos mesmos.

ARTIGO 14º
Encargos de reprodução

1 – O acesso através dos meios previstos nas alíneas *b)* e *c)* do nº 1 do artigo anterior faz-se através de um único exemplar, sujeito a pagamento, pelo requerente, da taxa fixada, que deve obedecer aos seguintes princípios:

a) Corresponder à soma dos encargos proporcionais com a utilização de máquinas e ferramentas de recolha, produção e reprodução do documento, com os custos dos materiais usados e com o serviço prestado, não podendo ultrapassar o valor médio praticado no mercado por serviço correspondente;

b) No caso de emissão de certidão, quando o documento disponibilizado constituir o resultado material de uma atividade administrativa para a qual sejam devidas taxas ou emolumentos, os encargos referidos na alínea anterior podem ser acrescidos de um valor razoável, tendo em vista os custos diretos e indiretos dos investimentos e a boa qualidade do serviço, nos termos da legislação aplicável;

c) Às taxas cobradas pode acrescer, quando aplicável e exigido por lei, o custo da anonimização dos documentos e os encargos de remessa, quando esta seja feita por via postal;

d) No caso de reprodução realizada por meio eletrónico, designadamente envio por correio eletrónico, não é devida qualquer taxa.

2 – Tendo em conta o disposto no número anterior, o Governo e os Governos Regionais, ouvida a CADA e as associações nacionais representativas das autarquias locais, devem fixar as taxas a cobrar pelas reproduções e certidões dos documentos administrativos.

3 – As entidades com poder tributário autónomo não podem fixar taxas que ultrapassem em mais de 100 % os valores fixados nos termos do número anterior, os quais se aplicam enquanto não publicarem tabelas próprias.

4 – Os órgãos e entidades a quem se aplica a presente lei devem publicar no seu sítio na *Internet* e afixar em lugar acessível ao público uma lista das taxas que cobram pelas reproduções e certidões de documentos administrativos, bem como informação sobre as isenções, reduções ou dispensas de pagamento aplicáveis.

5 – As organizações não-governamentais de ambiente e equiparadas, definidas nos termos da legislação aplicável, gozam de uma redução de 50 % no pagamento de quaisquer taxas devidas pelo acesso à informação ambiental.

6 – Os beneficiários de apoio judiciário, como tal reconhecido nos termos da lei, gozam de isenção de quaisquer taxas devidas pelo acesso a informação administrativa necessária à instrução do processo relativamente ao qual lhes tenha sido concedido o respetivo apoio.

7 – As vítimas de violência doméstica e as respetivas associações representativas, como tal qualificadas nos termos da lei, gozam de isenção de quaisquer taxas devidas pelo acesso a informação administrativa necessária à instrução de pedidos de proteção administrativa ou de atuação judicial destinada a evitar ou perseguir atos de violência doméstica praticados contra si ou contra os seus associados.

ARTIGO 15º
Resposta ao pedido de acesso

1 – A entidade a quem foi dirigido o requerimento de acesso a um documento administrativo deve, no prazo de 10 dias:

a) Comunicar a data, local e modo para se efetivar a consulta, se requerida;

b) Emitir a reprodução ou certidão requeridas;

c) Comunicar por escrito as razões da recusa, total ou parcial, do acesso ao documento, bem como quais as garantias de recurso administrativo e contencioso de que dispõe o requerente contra essa decisão, nomeadamente a apresentação de queixa junto da CADA e a intimação judicial da entidade requerida;

d) Informar que não possui o documento e, se souber qual a entidade que o detém, remeter-lhe o requerimento, com conhecimento ao requerente;

e) Expor à CADA quaisquer dúvidas que tenha sobre a decisão a proferir, a fim de esta entidade emitir parecer.

2 – No caso da alínea *e)* do número anterior, a entidade requerida deve informar o requerente e enviar à CADA cópia do requerimento e de todas as informações e documentos que contribuam para convenientemente o instruir.

3 – As entidades não estão obrigadas a satisfazer pedidos que, face ao seu carácter repetitivo e sistemático ou ao número de documentos requeridos, sejam manifestamente abusivos, sem prejuízo do direito de queixa do requerente.

4 – Em casos excecionais, se o volume ou a complexidade da informação o justificarem, o prazo referido no nº 1 pode ser prorrogado até ao máximo de dois meses, devendo o requerente ser informado desse facto, com indicação dos respetivos fundamentos, no prazo de 10 dias.

ARTIGO 16º
Direito de queixa

1 – O requerente pode queixar-se à CADA em caso de falta de resposta decorrido o prazo previsto no artigo anterior, indeferimento, satisfação parcial do pedido ou outra decisão limitadora do acesso a documentos administrativos, no prazo de 20 dias.

2 – A apresentação de queixa interrompe o prazo para introdução em juízo de petição de intimação para a prestação de informações, consulta de processos ou passagem de certidões.

3 – Salvo em casos de indeferimento liminar, a CADA deve convidar a entidade requerida a responder à queixa no prazo de 10 dias.

4 – Tanto no caso de queixa como no da consulta prevista na alínea *e)* do nº 1 do artigo 15º, a CADA tem o prazo de 40 dias para elaborar o correspondente relatório de apreciação da situação, enviando-o, com as devidas conclusões, a todos os interessados.

5 – Recebido o relatório referido no número anterior, a entidade requerida comunica ao requerente a sua decisão final fundamentada, no prazo de 10 dias.

6 – Tanto a decisão como a falta de decisão no termo do prazo a que se refere o número anterior podem ser impugnadas pelo interessado junto dos tribunais administrativos, aplicando-se, com as devidas adaptações, ao processo de intimação referido no nº 2, as regras do Código de Processo nos Tribunais Administrativos.

SECÇÃO II
Direito de acesso à informação ambiental

ARTIGO 17º
Direito de acesso à informação ambiental

Os órgãos e entidades a quem se aplica a presente lei asseguram o direito de acesso à informação ambiental nos termos previstos na secção anterior, devendo ainda:

a) Disponibilizar ao público, gratuitamente, listas com a designação de todos os órgãos e entidades que detêm informação ambiental, preferencialmente em sítio único, na *Internet*, que centralize os respetivos sítios onde a informação está acessível, e a identidade do responsável pelo acesso, nos termos do artigo 9º;

b) Criar e manter instalações adequadas à consulta da informação, prestando apoio ao público no exercício do direito de acesso;

c) Adotar procedimentos que garantam a uniformização da informação ambiental, de forma a assegurar uma informação exata, atualizada e comparável;

d) Indicar, quando fornecerem a informação ambiental referida nas subalíneas *i)* e *ii)* da alínea *e)* do nº 1 do artigo 3º, onde pode ser encontrada e obtida, quando disponível, a informação sobre os procedimentos de medição utilizados para recolha daquela, incluindo os métodos de análise, de amostragem e de tratamento prévio das amostras, ou referência ao procedimento normalizado utilizado na recolha de informação.

ARTIGO 18º
Indeferimento do pedido de acesso

1 – Os pedidos de acesso à informação ambiental podem ser indeferidos quando o documento administrativo solicitado não esteja nem deva estar na posse do órgão ou entidade a quem o pedido for dirigido, sendo que este, se tiver conhecimento que a informação é detida por outra entidade, deve remeter-lhe diretamente e de imediato o pedido, disso informando o requerente.

2 – Quando o pedido se refira a um procedimento em curso, a entidade remete-o à entidade coordenadora do processo, a qual informa o requerente do prazo previsível para a sua conclusão, bem como das disposições legais previstas no respetivo procedimento, relativas ao acesso à informação.

3 – Quando o pedido se referir a informação constante de comunicações internas entre entidades ou contemplar o acesso a documentos nominativos, o deferimento apenas deve ter lugar caso o interesse público subjacente à divulgação da informação prevaleça e, em qualquer caso, quando o pedido incidir sobre informação relativa a emissões para o ambiente.

4 – Para além do disposto nos números anteriores, um pedido de acesso a documentos administrativos que contenham informação ambiental apenas pode ser indeferido nos seguintes casos:

a) Quando o pedido for manifestamente abusivo ou tiver por referência documentos ou dados errados ou incompletos;

b) Quando não seja possível sanar a deficiência a que se refere o nº 6 do artigo 12º;

c) Quando a divulgação dessa informação prejudicar:

i) A confidencialidade do processo ou da informação, quando essa confidencialidade esteja prevista na lei, designadamente em caso de segredo bancário, segredo estatístico e sigilo fiscal;

ii) As relações internacionais, a segurança pública ou a defesa nacional;

iii) O segredo de justiça, o segredo em sede de procedimentos contraordenacionais, disciplinares, financeiros ou meramente administrativos, desde que previstos na lei, o acesso à justiça ou o seu bom funcionamento;

iv) A confidencialidade das informações comerciais ou industriais, sempre que essa confidencialidade esteja legalmente prevista para proteger um interesse económico legítimo, bem como o interesse público no segredo estatístico, fiscal e bancário;

v) Direitos de autor ou direitos conexos e direitos de propriedade industrial;

vi) Os interesses ou a proteção de quem tenha fornecido voluntariamente a informação, sem que esteja ou venha a estar legalmente obrigado a fazê-lo, exceto se essa pessoa tiver autorizado a divulgação dessa informação;

vii) A proteção do ambiente a que a informação se refere, designadamente a localização de espécies protegidas.

5 – Os fundamentos de indeferimento e respetivos interesses protegidos devem ser interpretados de forma restritiva face ao interesse público subjacente à divulgação da informação, sendo que os referidos nas subalíneas *i)*, *iv)*, *vi)* e *vii)* do número anterior não podem ser invocados quando o pedido incidir sobre informação relativa a emissões para o ambiente.

6 – A informação ambiental solicitada deve ser parcialmente disponibilizada sempre que seja possível expurgar a informação que fundamentou o indeferimento.

SECÇÃO III
Da reutilização de documentos

ARTIGO 19º
Princípios gerais

1 – Os documentos administrativos cujo acesso seja autorizado, nos termos da presente lei, podem ser reutilizados.

2 – As disposições da presente secção não prejudicam a utilização de textos de convenções, leis, regulamentos, relatórios ou decisões administrativas, judiciais ou de quaisquer órgãos ou entidades do Estado ou da Administração Pública, bem como a utilização de traduções oficiais destes textos.

3 – As disposições da presente secção não são aplicáveis aos documentos detidos ou elaborados por:

a) Empresas de radiodifusão de serviço público, suas filiais e outras entidades que cumpram funções de radiodifusão de serviço público;

b) Estabelecimentos de ensino e investigação, incluindo organizações criadas com vista à transferência de resultados de investigação, escolas e instituições de ensino superior, com exceção das respetivas bibliotecas;

c) Pessoas coletivas públicas ou privadas que se dediquem à prestação de serviços e atividades culturais, exceto bibliotecas, museus e arquivos.

4 – A troca de documentos administrativos entre os órgãos e entidades referidos no artigo 4º, exclusivamente no âmbito do desempenho das suas funções e dos fins de interesse público que lhes compete prosseguir, não constitui reutilização.

5 – Salvo acordo da entidade que os detenha, quem reutilizar documentos administrativos não pode alterar a informação neles vertida, nem deve permitir que o seu sentido seja desvirtuado, devendo mencionar sempre as fontes, bem como a data da última atualização da informação.

6 – Os documentos são disponibilizados no formato ou linguagem em que já existam e, se adequado, em formatos abertos e legíveis por máquina, com os respetivos metadados, devendo ambos respeitar normas formais abertas.

7 – O disposto no número anterior deve ser cumprido na medida do possível, não implicando, para a entidade detentora, o dever de criar ou adaptar

documentos ou de fornecer extratos, caso isso envolva um esforço desproporcionado que ultrapasse a simples manipulação dos mesmos.

ARTIGO 20º
Documentos excluídos

Não podem ser objeto de reutilização:

a) Documentos elaborados no exercício de uma atividade de gestão privada da entidade em causa;

b) Documentos cujos direitos de autor ou direitos conexos pertençam a terceiros ou cuja reprodução, difusão ou utilização possam configurar práticas de concorrência desleal;

c) Documentos nominativos, salvo autorização do titular, disposição legal que a preveja expressamente ou quando os dados pessoais possam ser anonimizados sem possibilidade de reversão, devendo nesse caso aplicar-se, no âmbito da autorização concedida e nos termos do nº 1 do artigo 23º, a previsão de medidas especiais de segurança destinadas a proteger os dados sensíveis, de acordo com o regime legal de proteção de dados pessoais;

d) Partes de documentos que contêm apenas logótipos, brasões e insígnias.

ARTIGO 21º
Pedido de reutilização

1 – A reutilização de documentos disponibilizados através da *Internet* não depende de autorização da entidade que os detenha, exceto quando exista indicação contrária ou se for claro para qualquer destinatário que o documento se encontra protegido por direitos de autor ou direitos conexos.

2 – Nos restantes casos, a reutilização de documentos depende de autorização da entidade que os detenha, mediante pedido formulado pelo requerente, aplicando-se o disposto no artigo 12º

3 – Quando a reutilização de documentos se destine a fins educativos ou de investigação e desenvolvimento, o requerente deve indicá-lo expressamente.

ARTIGO 22º
Resposta ao pedido de reutilização

1 – A entidade a quem foi dirigido o requerimento de reutilização do documento deve, no prazo de 10 dias:

a) Autorizar a reutilização do documento, indicando, se existirem, quais as condições ou licenças aplicáveis, nos termos do artigo seguinte; ou

b) Indicar as razões de recusa, total ou parcial, de reutilização do documento, bem como quais as garantias de recurso administrativo e contencioso de que dispõe o requerente contra essa decisão, nomeadamente a apresentação de queixa junto da CADA e a intimação judicial da entidade requerida.

2 – O pedido de reutilização do documento só pode ser indeferido com fundamento na violação de disposições legais, nomeadamente de alguma das disposições da presente lei relativa ao direito de acesso e reutilização, ou quando o órgão ou entidade já não tenha uma obrigação de elaborar, deter ou armazenar a informação.

3 – O dever de indicar as razões de recusa compreende a indicação da pessoa singular ou coletiva titular do direito de autor ou de direitos conexos sobre o documento ou, em alternativa, a indicação da entidade licenciadora que cedeu o documento, quando essa titularidade constitua o fundamento da recusa da reutilização pretendida.

4 – As indicações referidas no número anterior não são obrigatórias se a entidade requerida for uma biblioteca, incluindo as bibliotecas das instituições de ensino superior, um museu ou um arquivo.

5 – O prazo previsto no nº 1 pode ser prorrogado uma vez, por igual período, nos casos de pedidos extensos ou complexos, devendo o requerente ser informado desse facto, com indicação dos respetivos fundamentos, no prazo máximo de cinco dias.

ARTIGO 23º
Condições de reutilização

1 – A autorização concedida nos termos do artigo anterior pode ser subordinada à observância de determinadas condições de reutilização, designadamente através de licenças abertas disponíveis em linha, que concedem direitos de reutilização mais amplos sem limitações tecnológicas, financeiras ou geográficas, e se baseiam em formatos de dados abertos.

2 – A reutilização de documentos pode ainda ser sujeita a pagamento de taxas por parte do requerente, fixadas pelas entidades de acordo com o disposto nos números seguintes.

3 – Sem prejuízo do disposto no artigo 15º do Código do Procedimento Administrativo é gratuita a reutilização dos documentos disponibilizados:

a) Através da *Internet*, nos termos dos artigos 10º e 11º; ou
b) Para fins educativos ou de investigação e desenvolvimento.

4 – As taxas cobradas pela reutilização limitam-se aos custos marginais suportados com a recolha, produção, reprodução e divulgação do respetivo documento, podendo neles incluir-se, quando aplicável, o custo da anonimização dos documentos e os encargos de remessa, quando esta seja feita por via postal.

5 – Quando o documento disponibilizado constituir o resultado material de uma atividade administrativa para a qual sejam devidas taxas ou emolumentos, os custos referidos no número anterior podem ser acrescidos de um valor razoável, tendo em vista os custos diretos e indiretos dos investimentos e a boa qualidade do serviço, nos termos da legislação aplicável.

6 – Quando o documento requerido integrar uma biblioteca, incluindo uma biblioteca das instituições de ensino superior, um museu ou um arquivo, as taxas incluem também os custos de preservação dos documentos e da cessão de direitos, e podem ser acrescidas de um valor razoável tendo em vista os custos diretos e indiretos dos investimentos e a boa qualidade do serviço, nos termos da legislação aplicável.

7 – Na fixação das taxas a cobrar nos termos dos números anteriores, a entidade requerida deve basear-se nos custos durante o exercício contabilístico normal, calculados de acordo com os princípios contabilísticos aplicáveis.

8 – As condições de reutilização e as taxas cobradas não devem restringir desnecessariamente as possibilidades de reutilização, não podendo a entidade requerida, por essa via, discriminar categorias de reutilização equivalentes ou limitar a concorrência, podendo no entanto reduzir ou isentar de taxa a reutilização requerida por entidades com ou sem fins lucrativos, desde que em prossecução de fins e atividades de reconhecido interesse social.

ARTIGO 24º
Publicidade

1 – As condições de reutilização e as taxas aplicáveis, incluindo o prazo, montante e forma de pagamento e eventuais reduções ou isenções previstas, são preestabelecidas e publicitadas, sempre que possível por via eletrónica, devendo ser indicada a base de cálculo dos valores a cobrar, bem como

os meios de tutela ao dispor do requerente no caso de recusa da reutilização do documento.

2 – Os órgãos e entidades a quem se aplica a presente lei devem publicar no seu sítio na *Internet* e afixar em lugar acessível ao público uma lista das taxas que cobram pelas reproduções e certidões de documentos administrativos, bem como informação sobre as isenções, reduções ou dispensas de pagamento aplicáveis.

3 – Nos casos em que a informação cuja reutilização seja requerida determinar, pela sua relativa indisponibilidade, natureza ou complexidade, a aplicação de taxas que não estejam predeterminadas, a entidade requerida informa previamente o requerente dos fatores que são tidos em conta no cálculo dos valores a cobrar.

4 – Quando não tenham sido fixadas, predeterminadas ou publicitadas as taxas a aplicar, e enquanto não o forem, a reutilização considera-se gratuita.

ARTIGO 25º
Proibição de acordos exclusivos

1 – É proibida a celebração de acordos exclusivos de reutilização de documentos, com exceção dos casos em que o direito exclusivo diz respeito à digitalização de recursos culturais e dos casos em que a constituição de um direito exclusivo é necessária para a prestação de um serviço de interesse público.

2 – Os acordos exclusivos celebrados ao abrigo do número anterior, bem como a respetiva fundamentação, devem ser transparentes e publicitados, sempre que possível por via eletrónica.

3 – Os motivos subjacentes à constituição de um direito exclusivo devem ser objeto de um exame periódico, a realizar pelo menos de três em três anos, com exceção dos direitos exclusivos relativos à digitalização de recursos culturais, cujo período de exclusividade não deve, em regra, exceder 10 anos, devendo o referido exame ser realizado no 11º ano e, posteriormente, se aplicável, de sete em sete anos.

4 – Nos casos em que exista um direito exclusivo para digitalização de recursos culturais, o respetivo acordo prevê necessariamente a disponibilização à entidade pública em causa, a título gratuito, de uma cópia dos recursos culturais digitalizados, a qual deve estar disponível para reutilização no termo do período de exclusividade.

ARTIGO 26º
Intimação para a reutilização de documentos

Quando o pedido de reutilização formulado nos termos da presente secção seja total ou parcialmente indeferido, o interessado pode apresentar queixa à CADA nos termos do artigo 16º, aplicando-se as suas correspondentes disposições quanto à petição de intimação da entidade requerida para autorização da reutilização, que pode ser apresentada junto do tribunal administrativo competente, nos termos previstos no Código de Processo nos Tribunais Administrativos.

ARTIGO 27º
Divulgação de documentos disponíveis para reutilização

1 – As entidades abrangidas pelas disposições da presente secção devem disponibilizar, no seu sítio na *Internet*, listas atualizadas dos documentos disponíveis para reutilização.

2 – Sempre que possível, devem prever-se inventários dos documentos mais importantes, juntamente com os metadados conexos acessíveis, e deve poder ser realizada uma pesquisa multilingue de documentos e dados.

3 – As informações previstas nos números anteriores devem ser organizadas num portal de existências descentralizadas, com vista a facilitar a procura de documentos e dados disponíveis para reutilização.

4 – A aplicação do disposto no presente artigo é facultativa para as freguesias com menos de 10 000 eleitores.

CAPÍTULO III
Comissão de Acesso aos Documentos Administrativos

ARTIGO 28º
Natureza

1 – A CADA é uma entidade administrativa independente, que funciona junto da Assembleia da República, e a quem cabe zelar pelo cumprimento das disposições da presente lei.

2 – A CADA dispõe de orçamento anual, cuja dotação é inscrita no orçamento da Assembleia da República.

ARTIGO 29º
Composição

1 – A CADA é composta pelos seguintes membros:

a) Um juiz conselheiro do Supremo Tribunal Administrativo, designado pelo Conselho Superior dos Tribunais Administrativos e Fiscais, que preside;
b) Dois deputados eleitos pela Assembleia da República, sendo um sob proposta do grupo parlamentar do maior partido que apoia o Governo e o outro sob proposta do maior partido da oposição;
c) Um professor de Direito designado pelo Presidente da Assembleia da República;
d) Duas personalidades designadas pelo Governo;
e) Uma personalidade designada por cada um dos Governos Regionais;
f) Uma personalidade designada pela Associação Nacional de Municípios Portugueses;
g) Um advogado designado pela Ordem dos Advogados;
h) Um membro designado, de entre os seus vogais, pela Comissão Nacional de Proteção de Dados.

2 – Os titulares são substituídos por um suplente, designado pelas mesmas entidades.
3 – Os membros da CADA tomam posse perante o Presidente da Assembleia da República nos 10 dias seguintes à publicação da sua designação na 1.ª série do *Diário da República.*
4 – Os mandatos dos titulares são de três anos, sem prejuízo do disposto no número seguinte, cessando apenas com a posse dos novos titulares.
5 – A Assembleia da República elege no início de cada legislatura e pela duração desta os membros referidos na alínea *b).*
6 – Os mandatos são renováveis duas vezes.

ARTIGO 30º
Competência

1 – Compete à CADA:

a) Elaborar a sua regulamentação interna, a publicar na 2.ª série do *Diário da República*;

b) Apreciar as queixas que lhe sejam apresentadas nos termos dos artigos 16º e 26º;

c) Emitir parecer sobre o acesso aos documentos administrativos, nos termos da alínea *e)* do nº 1 do artigo 15º;

d) Emitir parecer sobre a comunicação de documentos entre serviços e organismos da Administração Pública, a pedido da entidade requerida ou da interessada, a não ser que se anteveja risco de interconexão de dados, caso em que a questão é submetida à apreciação da Comissão Nacional de Proteção de Dados;

e) Pronunciar-se sobre o sistema de registo e de classificação de documentos;

f) Emitir parecer sobre a aplicação da presente lei, bem como sobre a elaboração e aplicação de diplomas complementares, por sua iniciativa ou a solicitação da Assembleia da República, do Governo e dos órgãos e entidades a que se refere o artigo 4º;

g) Elaborar um relatório anual sobre a aplicação da presente lei e a sua atividade, a enviar à Assembleia da República para publicação e apreciação e ao Primeiro-Ministro;

h) Elaborar um relatório, de três em três anos, sobre a disponibilidade de informações do setor público para reutilização e sobre as condições da sua disponibilização, em particular no que respeita às taxas devidas pela reutilização de documentos que sejam superiores aos custos marginais, bem como sobre as práticas no que diz respeito a vias de recurso, o qual deve ser enviado à Assembleia da República, para publicação e apreciação, e ao Primeiro-Ministro, com vista ao seu envio à Comissão Europeia;

i) Contribuir para o esclarecimento e divulgação das diferentes vias de acesso aos documentos administrativos no âmbito do princípio da administração aberta;

j) Emitir deliberações sobre aplicação de coimas nos processos de contraordenação previstos na presente lei.

2 – Os projetos de pareceres e deliberações são elaborados pelos membros da CADA, com o apoio dos serviços técnicos.

3 – Os pareceres são publicados nos termos do regulamento interno.

ARTIGO 31º
Cooperação da administração

1 – Todos os dirigentes, funcionários e agentes dos órgãos e entidades a quem se aplique a presente lei têm o dever de cooperação com a CADA, sob pena de responsabilidade disciplinar ou de outra natureza, nos termos da lei.

2 – Para efeitos do número anterior devem ser comunicadas todas as informações relevantes para o conhecimento das questões apresentadas à CADA no âmbito das suas competências.

ARTIGO 32º
Estatuto dos membros da CADA

1 – Não podem ser membros da CADA os cidadãos que não se encontrem no pleno gozo dos seus direitos civis e políticos.

2 – São deveres dos membros da CADA:

a) Exercer o cargo com isenção, rigor e independência;
b) Participar ativa e assiduamente nos trabalhos da CADA.

3 – Os membros da CADA não podem ser prejudicados na estabilidade do seu emprego, na sua carreira profissional, nomeadamente nas promoções a que entretanto tenham adquirido direito, nem nos concursos públicos a que se submetam e no regime de segurança social de que beneficiem à data do início do mandato.

4 – Os membros da CADA são inamovíveis, não podendo as suas funções cessar antes do termo do mandato, salvo nos seguintes casos:

a) Morte;
b) Impossibilidade física permanente ou com uma duração que se preveja ultrapassar a data do termo do mandato;
c) Renúncia ao mandato;
d) Perda do mandato.

5 – A renúncia ao mandato torna-se eficaz com a apresentação da respetiva declaração escrita ao presidente da CADA e é publicada na 2.ª série do *Diário da República*.

6 – Perdem o mandato os membros da CADA que venham a ser abrangidos por incapacidade ou incompatibilidade prevista na lei ou que faltem,

no mesmo ano civil, a três reuniões consecutivas ou a seis interpoladas, salvo motivo justificado.

7 – A perda do mandato é objeto de deliberação a publicar na 2.ª série do *Diário da República*.

ARTIGO 33º
Estatuto remuneratório

1 – O presidente aufere a remuneração e outras regalias a que tem direito como juiz conselheiro do Supremo Tribunal Administrativo, bem como um abono mensal para despesas de representação no valor de 20 % do respetivo vencimento base.

2 – À exceção do presidente, todos os membros podem exercer o seu mandato em acumulação com outras funções e auferem um abono correspondente a 25 % do valor do índice 100 da escala salarial do pessoal dirigente da função pública.

3 – À exceção do presidente, todos os membros auferem um abono correspondente a 5 % do valor do índice 100 da escala salarial do pessoal dirigente da função pública por cada sessão da CADA em que participem.

4 – Todos os membros têm direito a ajudas de custo e ao reembolso de despesas com transportes e com telecomunicações nos termos previstos para o cargo de diretor-geral.

5 – Nas deslocações das personalidades designadas pelos Governos Regionais o abono das ajudas de custo é processado segundo o regime vigente nas respetivas administrações regionais.

ARTIGO 34º
Competência do presidente

1 – No quadro das orientações dadas pela CADA, o presidente exerce, com possibilidade de delegação no secretário, as competências fixadas na lei para o cargo de dirigente máximo de organismo autónomo em matéria de gestão de pessoal, financeira, patrimonial e administrativa.

2 – A CADA pode delegar no presidente poderes para apreciar e decidir:

a) Queixas manifestamente infundadas ou extemporâneas;

b) Desistências;

c) Casos de inutilidade superveniente;

d) Queixas sobre questões que já tenham sido apreciadas pela CADA de modo uniforme e reiterado.

ARTIGO 35º
Serviços de apoio

A CADA dispõe de serviços próprios de apoio técnico e administrativo, previstos em regulamento orgânico aprovado em diploma próprio.

ARTIGO 36º
Impugnação judicial

1 – A impugnação de deliberações da CADA reveste a forma de reclamação, a apresentar no prazo de 10 dias a contar da respetiva notificação.

2 – Em face dessa impugnação, a CADA pode modificar ou revogar a sua decisão, notificando os arguidos da nova deliberação final.

3 – Caso mantenha a anterior deliberação, a CADA remete a reclamação, no prazo de 10 dias, ao Ministério Público junto do Tribunal Administrativo de Círculo de Lisboa.

ARTIGO 37º
Decurso do processo judicial

1 – Compete à CADA remeter toda a informação necessária e relevante para o processo ao Ministério Público, para que este conclua os autos e os apresente ao juiz.

2 – O juiz pode decidir a questão nos termos da presente lei por simples despacho, se a tal não se opuserem a defesa, o Ministério Público ou a CADA.

3 – Se houver audiência, as respetivas formalidades são reduzidas ao mínimo indispensável, não havendo lugar à gravação de prova, nem à audição de mais de três testemunhas por cada contraordenação imputada.

4 – O juiz tem sempre competência para arbitrar uma indemnização a quem entenda ter a ela direito.

5 – Da decisão final do juiz cabe recurso per saltum para o Supremo Tribunal Administrativo, que decide de direito.

CAPÍTULO IV
Regime sancionatório

ARTIGO 38º
Acesso indevido a dados nominativos

1 – Quem, com intenção de aceder indevidamente a dados nominativos, declarar ou atestar falsamente perante órgão ou entidade referida no nº 1 do artigo 4º ser titular de um interesse direto, pessoal, legítimo e constitucionalmente protegido que justifique o acesso à informação ou documentos pretendidos, é punido com pena de prisão até um ano ou com pena de multa.

2 – A tentativa é punível.

ARTIGO 39º
Contraordenações

1 – Praticam contraordenação punível com coima as pessoas singulares ou coletivas que:

a) Reutilizem documentos do setor público sem autorização da entidade competente;

b) Reutilizem documentos do setor público sem observar as condições de reutilização estabelecidas no nº 1 do artigo 23º;

c) Reutilizem documentos do setor público sem que tenham procedido ao pagamento do valor previsto no nº 2 do artigo 23º

2 – As infrações previstas nas alíneas *a)* e *c)* do número anterior são puníveis com as seguintes coimas:

a) Tratando-se de pessoa singular, no mínimo de € 300 e no máximo de € 3 500;

b) Tratando-se de pessoa coletiva, no mínimo de € 2 500 e no máximo de € 25 000.

3 – A infração prevista na alínea *b)* do nº 1 é punível com as seguintes coimas:

a) Tratando-se de pessoa singular, no mínimo de € 150 e no máximo de € 1 750;

b) Tratando-se de pessoa coletiva, no mínimo de € 1 250 e no máximo de € 12 500.

4 – A tentativa é punível.

ARTIGO 40º
Aplicação das coimas

1 – A instrução do processo de contraordenação compete aos serviços da Administração Pública que tenham detetado a infração, podendo ser completada pelos serviços de apoio da CADA.

2 – A aplicação de coimas é competência exclusiva da CADA e a respetiva deliberação constitui título executivo bastante, caso não seja impugnada no prazo legal.

ARTIGO 41º
Destino das receitas cobradas

O montante das importâncias cobradas, em resultado da aplicação das coimas, reverte:

a) Em 40 % para a CADA;
b) Em 40 % para o Estado;
c) Em 20 % para a entidade lesada com a prática da infração.

ARTIGO 42º
Omissão de dever

Sempre que a contraordenação resulte da omissão de um dever, a aplicação da sanção e o pagamento da coima não dispensam o infrator do seu cumprimento, se este ainda for possível.

CAPÍTULO V
Alterações legislativas

ARTIGO 43º
Alteração ao Regulamento Orgânico da CADA

O artigo 3º do Regulamento Orgânico da CADA, aprovado em anexo à Lei nº 10/2012, de 29 de fevereiro, passa a ter a seguinte redação:

«Artigo 3º

[...]

1 – ...
2 – ...
3 – ...
4 – Aos técnicos superiores juristas a que se refere o nº 1 é aplicável, enquanto desempenharem funções na CADA, o disposto no artigo 26º do Decreto-Lei nº 545/99, de 14 de dezembro, alterado pelo Decreto-Lei nº 181/2015, de 16 de setembro.

5 – Os demais trabalhadores a que se refere o nº 1, enquanto desempenharem funções na CADA, auferem a remuneração correspondente à posição remuneratória imediatamente seguinte da respetiva categoria ou carreira.»

ARTIGO 44º
Alteração ao Decreto-Lei nº 16/93, de 23 de janeiro

O artigo 17º do Decreto-Lei nº 16/93, de 23 de janeiro (Estabelece o regime geral dos arquivos e do património arquivístico), alterado pelas Leis n.os 14/94, de 11 de maio, e 107/2001, de 8 de setembro, passa a ter a seguinte redação:

«Artigo 17º

[...]

1 – É garantido o acesso à documentação conservada em arquivos públicos, salvas as limitações decorrentes dos imperativos de conservação das espécies, aplicando-se as restrições decorrentes da legislação geral e especial de acesso aos documentos administrativo.

2 – São acessíveis os documentos que integrem dados nominativos:

a) Desde que decorridos 30 anos sobre a data da morte das pessoas a que respeitam os documentos; ou

b) Não sendo conhecida a data da morte, decorridos 40 anos sobre a data dos documentos, mas não antes de terem decorrido 10 anos sobre o momento do conhecimento da morte.

3 – Os dados sensíveis respeitantes a pessoas coletivas, como tal definidos por lei, são comunicáveis decorridos 30 anos sobre a data da extinção da pessoa coletiva, caso a lei não determine prazo mais curto.

4 – ...»

ARTIGO 45º
Alteração à Lei nº 12/2005, de 26 de janeiro

O artigo 3º da Lei nº 12/2005, de 26 de janeiro (Informação genética pessoal e informação de saúde), passa a ter a seguinte redação:

«Artigo 3º

[...]

1 – ...

2 – ...

3 – O acesso à informação de saúde por parte do seu titular, ou de terceiros com o seu consentimento ou nos termos da lei, é exercido por intermédio de médico, com habilitação própria, se o titular da informação o solicitar.

4 – Na impossibilidade de apuramento da vontade do titular quanto ao acesso, o mesmo é sempre realizado com intermediação de médico.»

CAPÍTULO VI
Disposições finais e transitórias

ARTIGO 46º
Disposições transitórias

1 – Os acordos exclusivos existentes que não respeitem o disposto no nº 1 do artigo 25º da presente lei, caducam no termo do respetivo contrato ou, em qualquer caso, a 18 de julho de 2043.

2 – O disposto no artigo 25º da presente lei não prejudica a caducidade dos acordos exclusivos que já se tenha operado.

3 – As freguesias com menos de 10 000 eleitores dispõem de um período transitório de adaptação até 1 de maio de 2017 para assegurarem a publicitação da informação prevista na alínea *c)* do nº 1 do artigo 10º

4 – Os mandatos dos membros da CADA anteriores à entrada em vigor da presente lei, bem como os mandatos em curso no momento da sua entrada em vigor, não relevam para a aplicação da limitação de mandatos prevista no nº 6 do artigo 29º

ARTIGO 47º
Norma revogatória

São revogadas:

a) A Lei nº 19/2006, de 12 de junho, alterada pelo Decreto-Lei nº 214-G/2015, de 2 de outubro;

b) A Lei nº 46/2007, de 24 de agosto, alterada pelo Decreto-Lei nº 214-G/2015, de 2 de outubro.

ARTIGO 48º
Entrada em vigor e aplicação da lei no tempo

1 – A presente lei entra em vigor no primeiro dia do segundo mês posterior à sua publicação, sem prejuízo do disposto nos números seguintes.

2 – O artigo 43º da presente lei entra em vigor a 1 de janeiro de 2017.

3 – O disposto no artigo 29º aplica-se à designação dos membros da CADA que tenha lugar em 2016.

Aprovada em 20 de julho de 2016.

O Presidente da Assembleia da República, *Eduardo Ferro Rodrigues.*

Promulgada em 9 de agosto de 2016.

Publique-se.

O Presidente da República, MARCELO REBELO DE SOUSA.

Referendada em 10 de agosto de 2016.

O Primeiro-Ministro, *António Luís Santos da Costa.*

ÍNDICE ANALÍTICO DO CÓDIGO DO PROCEDIMENTO ADMINISTRATIVO

ÍNDICE-SUMÁRIO

SUMÁRIO